Susanne Stöcklin-Meier
Kinder brauchen Geheimnisse

Susanne Stöcklin-Meier

Kinder brauchen Geheimnisse

*Über Zwerge, Engel und andere
unsichtbare Freunde*

*Illustrationen von
Marlis Scharff-Kniemeyer*

verlag pro juventute

4. Auflage 2006
© 1996 by verlag pro juventute, Zürich
© der deutschen Ausgabe 1996 by Kösel-Verlag, München,
in der Verlagsgruppe Random House GmbH
Umschlag: Elisabeth Petersen, München, unter Verwendung
einer Illustration von Marlis Scharff-Kniemeyer
Satz: Gaby Michel, Gießen
Druck und Bindung: Kösel, Krugzell
Printed in Germany
ISBN-10: 3-466-30421-0
ISBN-13: 978-3-466-30421-9

Gedruckt auf umweltfreundlich hergestelltem Bilderdruckpapier
(säurefrei und chlorfrei gebleicht)

www.koesel.de

INHALT

Gebt uns unsere Geheimnisse zurück 10
Laßt uns Regenbogenbrücken bauen 12
Was heißt ganzheitliche Erziehung? 12
Hilfe für die magischen Jahre 14
Wo der Schleier dünner ist 16
Was sehen und erleben Kinder anders? 17
Kinder brauchen Märchen 20
Ist Phantasie gefährlich? 21
Kinder brauchen auch religiöse Geschichten 24
Von der Tür 26
Die Geschichte vom Korb mit den
wunderbaren Sachen 28

Mit allen Sinnen erleben 30
Veränderungen der Wahrnehmungen und des Erlebens 30
Stille als Weg zur eigenen Mitte 31
Spielanregungen zum Sehen 32
Spielanregungen zum Hören 33
Spielanregungen zum Riechen 35
Spielanregungen zum Schmecken 35
Spielanregungen zum Tasten und Fühlen 36

Zeit für Geschichten 38
Wir richten eine Geschichtenecke ein 39
Wir erzählen Märchen 40
Wir schauen Bilderbücher an 42
Wir erfinden Geschichten 44
Wer waren die Brüder Grimm? 48
Die schönsten Grimm-Märchen 49

Erwachsene erinnern sich 51
Prinzen waren unser Geheimnis 52
Tanzende Lichter über den Pflanzen 52
Hörst du die Zwerge arbeiten unter dem Waldboden? 52
Mein Zwerg hieß Alfons 53

Gigü, Gabö und Nör 53
Schmetterlinge mit Menschengesichtern 54
Jakob wohnt hinter dem Schrank 54
Unser Hexenhaus 56
Die Amarillisblumenkönigin lädt zum Tanze 56

Im Reich der Zwerge, Wichtel und Gnome 58
Wie und wo können wir Zwerge treffen? 61
Zwergenpirsch auf Großmutterart 61
Die Wichtelmänner 62
Wir wichteln 62
Zum Abschuß des Tages 66
Gestrickte Zwerge 67
Das Zwergenreich auf der
anderen Seite der Welt 69
Die Sonne in der Erdmitte 69
In der Zwergenschule 73
Mooshäuschen für Zwerge 79
Zwerge aus Wurzeln 79
Das Zwergenreich im Kinderzimmer 80
Märchenbilder aus farbiger Wolle 80
Wir modellieren Zwerge aus Ton 80
In der Kristallhöhle 81
Eine Phantasiereise 85
Die sieben Mütter des Bergkristalls 87
Steinerlebnisse mit Kindern 92
Der Stein ist wie ein kleiner Frosch in meiner Hand 92
Vom Glanz der Steine 92
Der Mutstein hat geholfen 93
Steine begreifen 94
Ein Kristall in meiner Hand 94
Der Rednerstein 96
Steine im Museum 97

Wasser- und Feuerwesen 98
Vom Urwasser zum Brunnenmärchen 98
Wasserwesen 100
Pare-Kori im Himmelsgarten 101
Das Wolkenhaus und die Regentropfenmusikanten 102

Wie Maui zum Meeresgott Tangaroa kam   106
Bergseen sind Ferienorte für Delphine   108
Eine Phantasiereise   110
Ein Lichtball entsteht   111
Feuerwesen   112
Feuerfee und Flammenkobold   113

Sonne, Mond und Sterne   115
Wo haben sich Sonnen- und Schöpfungsmythen erhalten?   116
Der Himmelsvater, die Erdenmutter und das Sonnenlicht   118
Helios und sein Sonnenwagen   121
Su und der Sonnenengel   124
Schützendes Licht   125
Inneres Licht   125
Sonnengesang des Bruder Franz   126
Aus dem Leben des Heiligen Franz von Assisi   128
Die Sonne in der Kinderzeichnung   129
Tane, der Mond und die Sterne   131
Der Mond   132
Die Sonne lud den Mond zum Essen ein   136
Die Sterntaler   137

Von Engeln und Schutzengeln   139
Wissenswertes von Engeln   139
Die Engel auf dem Bett   142
Mein Schutzengel spricht mit mir   143
Die Geschichte von Gott, der sich
vor Freude wünschte, Viele zu werden   148
Der Engel   154
Von der Geburt bis zum Tode begleiten uns Geistwesen   158

Literaturhinweise   159
Quellenangaben   160

Vorwort

In Mythen, Märchen und Sagen ist weises Wissen verborgen. Es läuft wie ein goldener Faden durch alle Kulturen und Zeiten. Unsere Kinder sehnen sich, besonders in den ersten sieben Jahren, immer wieder nach dieser Weisheit. Der Wunsch nach phantasievollen Geschichten und Spielen ist in jedem Kind angelegt. Er ist da, unabhängig vom Weltbild der Eltern. Kinder brauchen die Symbolbilder der Märchen, um sich innerlich gesund zu entwickeln. Dieses Buch möchte Erwachsenen eine Brücke bauen zum Goldschatz der Phantasie- und Spielwelt der Kinder. Es will zeigen, wie die Realität mit der unsichtbaren Welt verknüpft werden kann. Es gibt Anregungen, wie man die wiedergefundenen Geheimnisse natürlich und spontan mit Kindern im Alltag erleben kann. Die Urkraft dieses verborgenen Wissens läßt, wenn man sie entdeckt, den kindlichen Seelen Flügel wachsen. Und diese brauchen sie, um in der heutigen Zeit bestehen zu können. Unser Materialismus erdrückt die Kreativität. Zum Überleben braucht die Erde schöpferische und kreative Menschen, die zur realen und zur geistigen Welt gleichzeitig Zugang haben.

Während ich an diesem Buch arbeitete, lebte ich längere Zeit in Neuseeland, «am anderen Ende der Welt». Der Kontakt mit den Maoris, der Urbevölkerung Neuseelands, ihrer Kultur und ihrem starken Glauben, daß alle Dinge beseelt sind, haben mir viele neue Einsichten gewährt. In dieser herrlichen Landschaft, im Busch und am Meer, sind die Naturwesen auch heute noch besonders gut zu spüren. Auf dem Hintergrund des Fremden erlebte ich die Grimm-Märchen, den Sonnengesang des Bruder Franz oder die Schöpfungsgeschichten ganz neu. Ich konnte den Goldfaden aufnehmen und mit dem Heute verknüpfen.

Für dieses Buch habe ich ein kleines Mädchen namens Su erfunden. Sie kennt das Kind in uns und den Wunsch der Kleinen, ins Land der Träume zu reisen. Wenn Su ihren Zauberspruch spricht, kann sie mit ihrem fliegenden Teppich im Märchenland die unsichtbaren Freunde besuchen. Lassen wir uns mit Su in unbekannte Gebiete tragen und bringen wir mit ihr die alten, ewig jungen Geheimnisse in unsere Kinderzimmer zurück.

Man kann nur weitergeben, was man selber erfahren hat. Erleben Sie diese Geschichten, Spiele und Phantasiereisen zuerst an sich selbst. Viele konkrete Anregungen finden Sie unter «Wissenswertes für die Erzählerin und den Erzähler». Spüren Sie das verborgene Wissen auf und geben Sie es dann achtsam, mit viel Liebe, Humor und Verständnis an Ihre Kinder weiter. Entdecken Sie gemeinsam die Welt des Unsichtbaren und weben Sie mit den gefundenen Goldfäden einen eigenen fliegenden Teppich.

Susanne Stöcklin-Meier

Gebt uns unsere Geheimnisse zurück

«Wenn ein Kind geboren wird, stirbt ein Engel, und wenn ein Mensch stirbt, wird ein Engel geboren!» Dieses Sprichwort stammt aus einer Zeit, in der die Menschen noch um die höheren Zusammenhänge wußten. Manchmal, wenn wir einem Kleinkind in die Augen schauen, wirken diese wie tiefe Bergseen, in denen sich der Himmel spiegelt. Dann spüren wir für einen kurzen Moment ganz klar: Kleinkinder stehen mit dem Göttlichen und dem Spirituellen in enger Verbindung. Sie tragen das Wissen der geistigen Welten noch in sich. Leider werden sie in der Regel von uns Erwachsenen zu rasch und recht unsanft in die harte Realität der heutigen Zeit geschubst. Wir vertreiben sie aus ihrem Paradies. Um sich gesund zu entwickeln, brauchen Kinder jedoch neben körperlicher Pflege auch Nahrung für ihre Seele. Die finden sie unter anderem in Märchen.

Die Entzauberung unserer Welt begann mit der Aufklärung. Im Zuge der Industrialisierung haben wir ein materialistisches Weltverständnis entwickelt. Die geistigen Werte mußten dem weichen, was naturwissenschaftlich zu beweisen war. Der Ausspruch «Erzähl mir keine Märchen!» zeigt, daß man Phantasiegeschichten als Lügen empfinden kann. Märchen wurden manchmal auch aus politischen Gründen abgelehnt. Die Grimm-Märchen waren im Dritten Reich in ihrer Originalfassung verboten. Sie wurden ideologisch umgeschrieben, um Kinder für die Idee des Nationalsozialismus zu gewinnen. Dasselbe passierte mit Märchen in Ländern mit kommunistischem Regime.

In den 60er und 70er Jahren waren Märchen bei uns in pädagogischen Kreisen wegen ihrer Grausamkeiten verpönt. Angesichts der heutigen brutalen Videoszene nehmen sich die Grausamkeiten in den Märchen jedoch fast harmlos aus. Auch die Frauenbewegung lehnte eine Zeitlang Märchen ab. Sie glaubte aus ihrem damaligen Verständnis heraus, Märchen würden die klassischen Frauenbilder zementieren. Zeitweise wurden sogar der Osterhase und Sankt Nikolaus aus dem Kinderzimmer verbannt. Erst in den 80er Jahren wurde das mystisch-mythische Frauenbild in den Märchen wieder entdeckt. Heute finden viele Frauen in Märchenseminaren einen persönlichen Zugang zu den Urkräften von archetypischen Gestalten wie jener der Hexe, der Prinzessin, der Königin, der Heldin, der weisen Frau und der Heilerin.

Märchen wirken heilend auf Psyche und Gemüt. Die alten Texte offenbaren urmenschliche, elementare Lebenserfahrungen und Erkenntnisse. Sie sind zeitlos und universal. Heute erleben Märchen eine Renaissance. Tiefenpsychologen, Psychoanalytiker und Pädagogen haben den heilenden Aspekt des Märchens entdeckt. Kinder haben gefühlsmässig einen direkten Zugang zu diesen Weisheiten. In ihrem Blick liegt manchmal die lautlose Bitte: «Gebt uns unsere Geheimnisse zurück.»

Wie können wir ihnen die verlorenen Geheimnisse wieder zurückgeben? Womit können wir der seelischen Verarmung unserer Kinder entgegenwirken?

Laßt uns Regenbogenbrücken bauen

Ein Geheimnis ist etwas Verborgenes, das man suchen muß. Und hat man es gefunden, bewahrt man es sorgfältig. Man hütet es wie einen Schatz. Laßt uns gemeinsam mit unseren Kindern im Spiel, im Reich der Phantasie und im Brunnen der Märchen Verborgenes finden. Laßt uns unseren Kleinen zuliebe Verschwörer des Zauberhaften sein! Den Regenbogen können wir nur staunend betrachten. Er läßt sich nicht mit den Händen fassen. Doch er schlägt mit seinen wunderschönen Farben die Brücke vom Himmel zur Erde. Er verbindet das Faßbare mit dem Unfaßbaren. Er ist das Zeichen, das Gott Noah nach der Sintflut gegeben hat. Er bedeutet Schutz und Segen.

Kinder leben vollkommen im gegenwärtigen Augenblick, im Jetzt. Ihre Welt ist eine zeitlose, in der das Morgen und das Gestern wenig Bedeutung haben. Die Gegenwart ist Ewigkeit. Darum ist Zeit etwas vom Wichtigsten, das wir als Eltern und Erzieher ihnen geben können. Nur wenn wir unseren Kindern genügend Zeit und Muße widmen, können wir gemeinsam die Türe zum Unsichtbaren finden. In der Stille stoßen wir ins Märchenland vor und entdecken geistiges Gold. Wir sehen die reale Welt mit den Augen des Herzens. Laßt uns die Wahrheit hinter den Dingen entdecken. Dann haben wir eine echte Chance, im Laufe der Zeit die verlorenen Geheimnisse wiederzufinden.

Was heißt ganzheitliche Erziehung?

Pestalozzi prägte in der Erziehung die Worte von Kopf, Herz und Hand. Er meinte damit, wir sollten die Kinder im Denken, im Fühlen und im Handeln, also ganzheitlich ansprechen und fördern. Ich denke aber, in der heutigen Zeit brauchen Kinder mehr. Für mich gehört zur ganzheitlichen Erziehung auch das Geistige, das Unsichtbare. Wir haben überall in der Natur Rhythmen und Gesetzmäßigkeiten. Es gibt Tag und Nacht, Sommer und Winter, Vollmond und Neumond, Ebbe und Flut, Ein- und Ausatmen, schwarz und weiß, männlich und weiblich, Leben und Tod. Ich denke, wir müssen wieder lernen, diese Gegensätze nicht als Dualitäten zu sehen, sondern als Einheit, als Ganzes. So betrachtet haftet auch das Unsichtbare untrennbar am Sichtbaren.

Auf dem von den Wissenschaften heute eingeschlagenen Weg wird die Einheit von Mensch, Kosmos und Gottheit angestrebt. Die Naturwissenschaftler dringen dabei in die Wahrheit der anderen Wirklichkeit, die des Mythos ein. Die Quantentheorie, die auf der Relativitätstheorie von Einstein basiert, revolutioniert die naturwissenschaftliche Weltsicht. Die Chaostheorie hat bewiesen, daß alles mit allem einen Zusammenhang hat. Hinter allem steht eine größere Ordnung. Um sie zu erkennen, braucht man genügend Abstand und Zeit. Das heißt also, wenn man lange genug warten kann – das kann von einer Minute bis tausend und mehr Jahre sein – läßt sich überall ein Muster und eine höhere Ordnung erkennen. Die Chaosforscher haben herausgefunden, daß schon der Flügelschlag eines Schmetterlings die Laufbahn eines Taifuns beeinflussen kann. So subtil sind die Zusammenhänge. Alte Kulturen wußten um dieses allumfassende Zusammenspiel, das die moderne Wissenschaft gerade wieder zu entdecken beginnt.

Die Sufimeister, die Mystiker des Islams, sagen: «Kleine Kinder sind wie photographische Platten. Alle Eindrücke bleiben verewigt.» Darum sind die ersten Jahre in der Erziehung so wichtig. Sie wirken prägend fürs ganze Leben. Wie achtsam Indianer mit ihren Kindern umgehen, beschreibt die Tsalagi-Indianerin Dhyani Ywahoo in folgendem Beispiel anschaulich: «Ein kleines Kind freut sich, wenn es Blätter sieht, die glitzern, als würden sie am Baume tanzen. Der Erwachsene sagt: ‹Blätter tanzen nicht.› Zweifel können dann in dem Kind aufkommen, ob sein Gefühl der Freude berechtigt ist. Das Feuer des freudvollen Ausdruckes wurde durch eine unüberlegte Äußerung gedämpft. Das Entstehungsmuster von Freude kann grundlegend verändert worden sein. Unausgewogenheit könnte aufkommen. Durch den Meridian des Herzens fließt der Fluß der Freude, und dieser Fluß kann durch harte, teilnahmslose Worte eingedämmt werden.» Sathya Sai Baba, ein heutiger spiritueller Lehrer aus Indien, bringt das, was Kinder brauchen, auf den Punkt: «Erziehung heißt, das Beste hervorzuholen, was in einem Kind angelegt ist – bezogen auf Körper, Geist und Seele.»

Hilfe für die magischen Jahre

Zwischen zwei und fünf Jahren ist das Denken der Kinder magisch. Die Kinderpsychotherapeutin Selma Fraiberg prägte als erste den Begriff «Die magischen Jahre». Sie beschreibt in ihrem gleichnamigen Buch die Persönlichkeitsentwicklung des Vorschulkindes auf spannende und prägnante Art. Für den kleinen Magier sind Gedanken und Taten dasselbe. Er glaubt, daß Wünsche wirkliche Ereignisse herbeizaubern können. In dem Zauberwort «Abrakadabra» steckt so viel Kraft, daß sich aus Kindersicht alles verwandeln läßt. Die Vorschulzeit sind die Jahre des Zauberhaften, aber auch die Jahre der Ängste und Kämpfe mit Gespenstern, Tigern und Drachen. Die Ängste eines Zweijährigen sind nicht dieselben wie die eines Fünfjährigen, selbst wenn dasselbe Krokodil unter dem Bett liegt... Denn das Zweijährige glaubt, daß das Krokodil wirklich unter dem Bett liegt. Mit Vernunftsargumenten ist seinem Problem nicht beizukommen. Das fünfjährige Kind weiß schon um die Gleichzeitigkeit von Spiel und Realität. Es fängt an, Probleme auch über die Sprache zu lösen. Das kann das Zweijährige nicht, weil es der Sprache noch nicht mächtig ist. Kinder kämpfen in der frühen Kindheit mit den gefährlichen Geschöpfen ihrer Vorstellung. Sie müssen sich den Gefahren der innern und der äußern Welt stellen. Das gehört zum normalen Entwicklungsweg des Menschen. Kinder gehen durch den Wald ihrer Gefühle und ihrer innern Bilder, genau wie der Held im Märchen, der auszieht, das Fürchten zu lernen, der Prüfungen bestehen und Rätsel lösen muß. Am Schluß wird er König. Er handelt nun eigenständig und souverän. Als Krönung des Weges zur Individualität erhält er die Prinzessin zur Frau.

Das innere Leben eines kleinen Kindes ist für uns nicht leicht zu-

gänglich. Wir erinnern uns selbst nur bruchstückhaft an diese frühe, entscheidende Zeit einer magischen Welterfassung. Wenn wir mehr wissen und verstehen, was im Kinderspiel passiert, haben wir einen besseren Zugang zur kindlichen Welt. Spielen ist mit erzieherischem Zwang unvereinbar. Das Spiel ist eine dem Kind eigene Form zu leben. Ein Kind spielt in seinen ersten sechs Lebensjahren rund 15 000 Stunden. Es lernt die Welt spielerisch kennen. Deshalb ist es so wichtig, daß wir dem Kinderspiel eine wohlwollende Beachtung entgegenbringen und es ernst nehmen.

Einfallsreichtum und Spontaneität gehören ebenso zum Spiel des Kindes wie das Einhalten von bestimmten Ordnungen und Regeln. Spielen ist nicht nur Zeitvertreib. Spielen heißt auch umgehen zu lernen mit Gefühlen wie Freude, Humor, Geborgenheit, Zuwendung, Angst, Wut, Zorn und Trauer. Spielen bedeutet zunächst einmal erforschen, untersuchen, die Welt mit allen Sinnen erfassen. Bewegungsfreude gehört genauso zum Spiel wie Ausdauer, Denken, Sprechen und Phantasieren. Beim kindlichen Spiel ist der Entstehungsprozeß das Wichtigste, und nicht das Resultat. Spiel und Ernst sind wie Tun und Erleben, das Kind empfindet sie nicht als Gegensätze. Trotzdem können Kinder während des Spiels Realität und Phantasie unterscheiden. Wenn wir Mitleid mit einer Puppe zeigen, die sich im Spiel vielleicht verletzt hat, so kann uns das Kind überrascht ansehen und sagen: «Es ist doch nur ein Spiel.» Das Spiel ist für das Kind Lebens- und Lernhilfe.

Ich möchte in diesem Buch Hilfen für die magischen Jahre der Kinder geben und Wege aufzeigen, wie wir die Gedanken und Erlebniswelt – unserer Kleinen besser verstehen lernen können. Sie finden neben Grundgedanken zum Thema auch Märchen, Geschichten und Spielanregungen für die Kinder.

Wo der Schleier dünner ist

Volksmärchen und Mythen erzählen unvergängliche Wahrheiten. Ihre Wurzeln gehen zum Teil bis in die Zeit der alten Mysterien zurück, die Priesterinnen und Priester in den Tempeln lehrten und bewahrten. In heiligen Schriften, der Bibel

und in Büchern anderer Religionen, wurden diese aufgezeichnet. Kinder sind beim Spielen und in ihren Gedanken dieser geistigen Welt noch sehr nahe. Geheimnisse, Symbole und innere Bilder sind lebensnotwendig für sie. Dieses Wissen ist beispielsweise bei den Schotten und Iren noch lebendig. Sie kennen Stellen im Wald und im Moor, wo der Schleier dünner ist. Das heißt, zwischen der materiellen und der geistigen Welt ist an manchen Orten nur ein Hauch oder ein Nebel dazwischen. Manchmal können Menschen für kurze Augenblicke hinüberschauen. Die Indianer beschreiben dieses Phänomen folgendermaßen: «Weise Männer und Frauen können durch den Spiegel gehen, sie können die Seiten wechseln, von hier nach drüben und von drüben nach hier. Sie holen sich Rat bei den Ahnen in den ewigen Jagdgründen.» Indianer sprechen auch mit Pflanzen, Tieren, Steinen, dem Wind, der Sonne, dem Mond und den Sternen. Für sie ist das Baumsterben kein Umweltproblem. Sie glauben, daß die Bäume sterben, weil der weiße Mann nicht mehr mit ihnen spricht.
Untergraben wir unseren Kindern nicht die Brücke zur geistigen Welt. Fördern wir das innere Licht in unseren Kleinen im Sinne Goethes: «Ich glaube, daß wir einen Funken jenes ewigen Lichtes in uns tragen, das im Grunde des Seins leuchten muß und welches unsere schwachen Sinne nur von ferne ahnen können. Diesen Funken in uns zur Flamme werden zu lassen und das Göttliche zu verwirklichen, ist unsere höchste Pflicht.»

Was sehen und erleben Kinder anders?

Der Genfer Psychologieprofessor Jean Piaget hat in seinen Forschungen herausgefunden, daß das Denken der Kinder bis zur Vorpubertät animistisch ist. Animistisch kommt vom lateinischen Wort Anima und bedeutet Seele. Das Kind ist davon überzeugt, daß alle Dinge eine Seele haben, daß sie lebendig sind und fühlen und handeln können. Ein Stein lebt für das Kind, weil er einen Abhang hinunterkullern oder durch die Luft fliegen kann. Es glaubt, daß der Fluß lebt und einen eigenen Willen hat, weil sein Wasser fließt. Jeder Baum erscheint ihm als leben-

diges Wesen, weil er seine Äste im Wind schütteln kann und seine Blätter tanzen läßt.

In diesem Alter ist die Trennungslinie zwischen leblosen Gegenständen und lebendigen Wesen fließend. Kinder sind überzeugt, daß wir die Sprache der Bäume, des Windes und des Wassers verstehen können, wenn wir nur gut genug hinhören. Sie unterhalten sich ja auch mit ihren «stummen» Spieltieren und Puppen. Kinder sprechen mit den unsichtbaren Freunden in und hinter den Blumen, Schmetterlingen und Schneckenhäusern. Sie haben den gleichen unmittelbaren Bezug zu den für uns unbelebten Dingen wie alle in der Natur verwurzelten Kulturen. Denken wir etwa an die Indianer oder die Maori in Neuseeland. Auch die Inder sehen die Welt noch ähnlich. Das zeigt folgendes indisches Sprichwort:

Gott schläft im Stein,
träumt in der Pflanze,
erwacht im Tier
und aufersteht im Menschen.

Das Kind geht davon aus, daß die Beziehung zur unbelebten Welt gleichgeartet ist wie zur belebten Welt. Es zeigt und lebt spontan alle Gefühle. Es streichelt und küßt die Mutter, weil es sie liebt. Also wird auch jeder andere liebenswert erscheinende Gegenstand geküßt und gestreichelt. Das kann eine Halskette sein, ein Spiegel, ein Photo, ein Spielzeug oder ein Paar Schuhe. Stößt sich das Kind an einer Tischkante, schlägt es den Tisch, weil er böse ist. Fällt vor ihm eine Tür ins Schloß, tritt es wütend dagegen und schimpft mit ihr. Es bestraft die Tür, weil es sicher ist, daß diese aus böser Absicht so gehandelt hat. Ein weiteres kindliches Phänomen ist, daß es glaubt, der andere könne es nicht mehr sehen, wenn es seine Augen verdeckt. Streckt ein Zweijähriges seinen Kopf in einen Papierkorb, ist es überzeugt, daß es unsichtbar ist für den Rest der Welt, ganz nach dem Motto «Aus den Augen, aus dem Sinn».

In dieses kindliche Weltbild dringen nun die Erwachsenen ein und weisen das Kind zurecht: «Das gibt es nicht! Dinge können nicht fühlen und handeln! Schluß mit dem Blödsinn, es gibt keine Gespenster, es ist kein Tier unter dem Bett, und das Spielauto kann keinen Spinat essen.» Oder sie sagen: «Warum zeichnest du die Sonne grün? Das ist falsch.» Und wenn das Kind eine Phantasiegeschichte erfindet, sagen sie: «Hör auf mit Lügen!» Um den Erwachsenen zu gefallen und nicht lächerlich gemacht zu werden, täuscht das Kind vor zu glauben, was ihm gesagt wird. Doch tief in seinem Herzen ist es anderer Überzeugung. Unter dem rationalen und materialistischen Einfluß der Erwachsenen vergräbt das Kind sein wahres Wissen noch tiefer in sich. Es glaubt schlicht und einfach nicht, was ihm da erzählt wird, weil es die Welt anders erlebt. Für Kinder ist Sichtbares und Unsichtbares in gleicher Weise Realität. Deswegen kommt es oft in einen inneren Zwiespalt. Hier können die Ursprünge von Ängsten, Problemen und negativen Verhaltensweisen liegen, welche die Persönlichkeitsentwicklung beeinflussen. (Wie man sinnvoll mit dem «süßen Spiel mit der Angst» umgehen kann, ist im Buch «Spielen und Sprechen» unter «Ungetüm, Drache und Fabelwesen», nachzulesen, s. Literaturhinweise S. 159.)

Kinder brauchen Märchen

Bruno Bettelheim, einer der bedeutendsten Kinderpsychologen unseres Jahrhunderts, schreibt in seinem Buch ‹Kinder brauchen Märchen›: «Das Märchen entwickelt sich in einer Art und Weise, die der Art, wie das Kind denkt und die Welt erlebt, nicht widerspricht; deshalb ist das Märchen für das Kind so überzeugend. Aus den Märchen schöpft es viel größere Zuversicht als aus einem Tröstungsversuch auf der Grundlage der Argumente und Gesichtspunkte der Erwachsenen. Das Kind traut dem, was das Märchen erzählt, weil dessen Weltsicht mit der seinen übereinstimmt.» Darum ist es nötig, daß wir dem Kind Märchen erzählen. Es braucht diese Phantasiefiguren, damit es sieht, daß es nicht alleine dasteht mit seiner Weltanschauung. Es wundert sich nicht im geringsten, wenn der Wind im Märchen sprechen kann und den Helden an seinen Bestimmungsort trägt. Im Märchen ist es an der Tagesordnung, daß Tiere Menschensprache sprechen, die Heldin auf ihrer Reise begleiten und in der Not helfen. Hexen und Zauberer verwandeln Tiere in Menschen und Menschen in Tiere. Das Kind ist auch nicht erstaunt, wenn sich im Märchen ein Mensch in einen Stein verwandelt oder ein Stein als Mensch lebendig wird. Kleine Mädchen und Jungen glauben, daß in dieser erstaunlichen Welt alle Dinge möglich sind.

Der englische Dichter Charles Dickens hatte als Kind eine innige Beziehung zu Rotkäppchen. Er erinnert sich: «Rotkäppchen war meine erste Liebe. Ich wußte: Hätte mich Rotkäppchen heiraten können, so wäre mir vollkommene Glückseligkeit zuteil geworden.»

Die Märchenfiguren sind Aspekte unserer selbst. Der König hat im Märchen keine gesellschaftlichen Funktionen, sondern ist das Urbild einer selbständigen, weisen Persönlichkeit. In jedem von uns lebt ein König. Die dunklen Gestalten wie Hexen, Drachen, Teufel, böse Riesen und Zauberer verkörpern unsere Schattenseiten. Märchen helfen uns, diese bewußt zu machen und mit ihnen umzugehen.

Kinder lieben Verwandlungen. Deswegen kommen ihnen die ständigen Wandlungen in den Märchen sehr gelegen. Der Schweinehirt wird zum König, Aschenputtel zur Prinzessin und der Frosch zum Prinzen. Für das Empfinden der Kinder ist es normal, daß ein Mensch verschiedene Gesichter haben kann. Diese unterschiedlichen Wesenszüge ordnet es im Spiel verschiedenen Gestalten zu. Da Mütter nicht immer lieb sind, können sie sich auch in Hexen oder Stiefmütter verwandeln.

Wenn Kinder spielen, sind sie große Verwandlungskünstler. Sie wechseln problemlos zwischen vielen unterschiedlichen Rollen.

Ist Phantasie gefährlich?

Andere Ausdrücke für Phantasie sind etwa: Einbildungskraft, Vorstellungsvermögen, Schöpferkraft, Erfindungsgabe, Bildkraft und Eingebung. Es zirkulieren dafür auch negative Ausdrücke wie Dunstbild, Übertreibung, Wahn, Trugbild, Schwärmerei, Überspanntheit, Auswuchs und Hirngespinst. Phantasie kann stark, krankhaft, wild, verdorben, ausschweifend, blühend oder schöpferisch sein. Unter Phantasieren versteht man: Im kranken Zustand wirr reden, von etwas Erwünschtem oder Gefürchteten sprechen und es sich in Gedanken ausmalen.

Nach diesen unterschiedlichen Vorstellungen von Phantasie stellt sich uns die Frage: Ist Phantasie gefährlich? Kann sie Kindern schaden? Nein, natürlich nicht! Phantasie, Vorstellungsvermögen, innere Bildkraft und Erfindungsgabe sind sogar unerläßlich für die gesunde Entwicklung der Kinder. Phantasievolle Kinder sind allerdings für uns Erwachsene manchmal unbequem: Sie haben eigene Ideen, sind selbständig, schöpferisch und voller Tatendrang. Sie passen nicht in unseren genormten Alltag. Sie sind nicht pflegeleicht, und sie sind schlecht steuerbar. Phantasie ist für Kinder eine Quelle von Lebensfreude und Lebenskraft. Spontanes Rollenspiel ohne Phantasie ist undenkbar.

Volksmärchen sind Schritte in eine geistig-seelische Phantasiewelt. Ihre klaren Gesetzmäßigkeiten entsprechen dem kindlichen Auffassungsvermögen und dem altersgemäßen

Entwicklungsweg. Im Märchen siegt das Gute immer über das Böse. Doch auch das Böse hat eine Mission. Es hilft dem Märchenhelden in seiner Entwicklung zum Guten. Der Held besiegt die Dämonen und die Drachen. Das Märchen bezieht eindeutig Stellung. Es schafft klare Verhältnisse. Es gibt einen König und einen Schweinehirt, die gute Fee und die böse Hexe, Gold und Pech, Gut und Böse. Kinder brauchen solche überschaubaren Ordungen und Normen. Sie erleben die Welt noch als schwarz-weiß. Durch Märchen lernen sie, Ehrlichkeit und Unehrlichkeit, Wahrheit und Lüge zu unterscheiden und zu erkennen. Durch das Märchen werden im Kind auch alle anderen Tugenden angelegt. Aus den Vorbildern der Märchenheldinnen und -helden schöpft das Kind für seine eigene Lebenssituation Mut, Kraft und Zuversicht. Die Phantasie ist ein wunderbares Instrument. Sie hilft ihm, diese Quellen zu erschließen.

Was passieren kann, wenn man Kindern diese Märchenhelden vorenthält, hat Bruno Bettelheim bei seiner Arbeit beobachtet. Er schreibt: «Manche Eltern befürchten, ihre Kinder ließen sich von ihren Phantasievorstellungen mitreißen und würden, angeregt vom Märchen, an Zauberei glauben. Jedes Kind glaubt aber an Zauberei und legt diesen Glauben ab, wenn es erwachsen wird. Ich habe gestörte Kinder gekannt, denen niemals Märchen erzählt wurden, die aber einem Ventilator oder Elektromotor ebensoviel Zauber- und Zerstörungskraft beimaßen, wie irgendein Märchen jemals seiner mächtigsten und gefährlichsten Gestalt verlieh.»

Manche Eltern haben Angst, sie würden ihre Kinder anlügen, wenn sie ihnen von den phantastischen Ereignissen in den Märchen er-

zählen. Und viele fürchten auch die Frage ihres Kindes: Ist das wahr? Keine Angst, Märchen lügen nicht. Sie erzählen von inneren Wahrheiten und sind mit normaler Kausalität nicht zu erklären. Anfangssätze wie: «Es war einmal...» oder «In alten Zeiten, als das Wünschen noch geholfen hat...» weisen uns den Weg ins Märchenland.

Märchengeschichten fangen immer mit einer Konfliktsituation an und enden mit der Auflösung zur Zufriedenheit aller. Es steht dann der Satz da: «Sie lebten glücklich und zufrieden bis an ihr Ende.» Oder: «Wenn sie nicht gestorben sind, dann leben sie noch heute.» Damit sich für die kleinen Zuhörer die Spannung auflöst, müssen Volksmärchen immer von Anfang bis Ende erzählt werden.

Wieder andere Eltern fragen sich: Machen Märchen realitätsfremd? Kann der kindliche Geist mit Märchenphantasien überfüttert werden, so daß er nicht lernt, mit der Realität umzugehen? In Wirklichkeit trifft genau das Gegenteil zu. So komplex wir alle sind, mit Konflikten, Ambivalenzen und Widersprüchen belastet, ist doch die menschliche Persönlichkeit unteilbar. Jede Erfahrung berührt alle Persönlichkeitsaspekte zugleich. Um die Aufgaben des Lebens zu bewältigen, braucht die Gesamtpersönlichkeit die Unterstützung einer reichen Phantasie zusammen mit einem gefestigten Bewußtsein und einer klaren Sicht der Realität. Dazu können Märchen mit ihren klaren Strukturen und reichen Bildwelten eine Hilfe sein.

Kinder brauchen auch religiöse Geschichten

Kinder brauchen nicht nur Märchen, sie brauchen auch die Bilder- und die Symbolsprache religiöser Geschichten. Verfolgt man diese Bilder und Symbole bis an den Ursprung zurück, so sieht man, daß sie die gleichen Wurzeln haben. In unseren Breitengraden sollten Kinder verschiedene Geschichten aus dem Alten und dem Neuen Testament kennen. Erzählen wir ihnen doch die Schöpfungsgeschichte, warum Noah eine Arche baute und Gott ihm den Regenbogen schenkte. Die Geschichte von Joseph und seinen Brüdern beeindruckt Kinder immer wieder. Ohne das Wissen der Weihnachtsgeschichte aufzuwachsen, ist für Kleine eine große Verarmung. Da Kinder an Wunder glauben, eignen sich für sie viele Heiler- und Wundergeschichten von Christus. Sie hören gespannt zu, wie er den Sturm auf dem See Genezareth stoppte, wie er Blinde und Lahme heilte und sogar Tote wieder zum Leben erweckte. Auch die Speisung der Fünftausend mit ein paar Fischen und Broten machen ihnen Eindruck. Viele Gleichnisse haben wunderschöne, kindgerechte Bilder. Denken wir nur an den vergrabenen Schatz im Acker oder an den Sämann, dessen Saat auf Steine, Sand, Disteln und guten Humus fällt… Auch die nachfolgenden Christusworte eignen sich gut für Gedankenanstöße und Gespräche mit Kindern:

Ich bin das Brot des Lebens.
Ich bin das Licht der Welt.
Ich bin die Türe.
Ich bin der gute Hirte.

Es gibt heute viele gut illustrierte Kinderbibeln, Bilderbücher mit biblischen Themen und kindgerecht erzählte Legenden von Heiligen. Kinder lieben es auch, wenn wir ihnen von Engeln und Schutzengeln erzählen. Diese Geschichten können ihnen helfen, die leise innere Stimme in sich wahrzunehmen. Mauern wir ihnen das Tor zur geistigen Welt nicht zu aus Unachtsamkeit oder Unkenntnis.

Von der Tür

Alltagsgeschichte von Max Kruse

Wissenswertes für die Erzählerin und den Erzähler: Diese kleine Alltagsgeschichte ist ein wunderbares Beispiel für das animistische Denken der Kinder. Die Türe wird als gleichberechtigter Partner verstanden. Sie ist ein lebendiges, beseeltes Wesen. Das Kind kann sich problemlos mit ihr unterhalten.

Der Knirps kam nach Haus. Er ging durch die Tür. Doch auf der Schwelle blieb er stehen. Dann setzte er sich hin und stützte seinen Kopf auf den Arm. «Laß mich nachdenken», sagte der Knirps zur Tür.

«Worüber?» fragte die Tür.

«Dumme Frage», sagte der Knirps. «Über dich natürlich. Den ganzen Tag bekam ich Geschichten erzählt. Jetzt will ich dir was erzählen.»

«Bitteschön», sagte die Tür.

«Also –», sagte der Knirps. «Du bist dazu da, damit ich durch dich hindurchgehe. Immer wenn ich durch eine Tür gegangen bin, sieht alles anders aus. Dann komme ich in ein anderes Zimmer – oder nach draußen. Am Morgen sause ich durch dich – in die Schule. Und mein Vater geht durch dich zur Arbeit.»

«Richtig», sagte die Tür. «Und wenn ihr abends die Tür aufmacht, freut ihr euch, daß ihr wieder zu Hause seid.»

«Du sollst still sein», sagte der Knirps. «Ich will es selbst rauskriegen. Dich gibt es auch, damit wir allein sein können. Damit einen niemand sieht.»

«Ja», rief die Tür. «Und im Winter lasse ich die Kälte nicht rein und halte die Wärme in der Stube.»

«Darauf bilde dir nur nichts ein», sagte der Knirps. «Das tun die Fenster und die Mauern schließlich auch.»

Spielanregungen: *Wir besprechen mit den Kindern die Geschichte und versuchen herauszufinden, was andere Türen erzählen würden: die Küchentür, die Stubentür, die Badezimmertür, das Scheunentor, das Gartentor, das Kirchentor, die Tür eines Gefängnisses, die goldene Tür eines Schlosses oder das Tor zum Himmel.*

Die Geschichte vom Korb mit den wunderbaren Sachen

Afrikanisches Märchen

Wissenswertes für die Erzählerin und den Erzähler: Dieses afrikanische Märchen berichtet von den wunderschönen Sachen, die wir nicht mit den Augen sehen und nicht mit den Händen greifen können. Es lehrt uns, hinter die Dinge zu schauen und mit unserem Herzen zu sehen. Wir hören von himmlischen Geschenken wie der Liebe, der Freude und dem Frieden.

Es war einmal ein Mann, der hatte eine wunderbare Rinderherde. Alle Tiere trugen ein schwarz-weißes Fell; das war geheimnisvoll wie die Nacht. Der Mann liebte seine Kühe und führte sie immer auf die besten Weiden. Wenn er abends die Kühe beobachtete, wie sie zufrieden waren und wiederkauten, dachte er: «Morgen früh werden sie viel Milch geben!»

Eines Morgens jedoch, als er seine Kühe melken wollte, waren die Euter schlaff und leer. Er glaubte, es habe an Futter gefehlt, und führte seine Herde am nächsten Tag auf saftigen Weidegrund. Er sah, wie sie sich sattfraßen und zufrieden waren, aber am nächsten Morgen hingegen die Euter wieder schlaff und leer. Da trieb er die Kühe zum drittenmal auf eine neue Weide, doch auch diesmal gaben die Kühe keine Milch.

Jetzt legte er sich auf die Lauer und beobachtete das Vieh. Als um Mitternacht der Mond weiß am Himmel stand, sah er, wie sich eine Strickleiter von den Sternen heruntersenkte. Auf ihr schwebten sanft und weich junge Frauen aus dem Himmelsvolk herab. Sie waren schön und fröhlich, lachten einander leise zu und gingen zu den Kühen, um sie leerzumelken. Da sprang er auf und wollte sie fangen, aber sie stoben auseinander und flohen zum Himmel hinauf. Es gelang ihm aber, eine von ihnen festzuhalten, die allerschönste. Er behielt sie bei sich und machte sie zu seiner Frau.

Täglich ging nun seine Frau auf die Felder und arbeitete für ihn, während er sein Vieh hütete. Sie waren glücklich, und die gemeinsame Arbeit machte sie reich. Eines aber quälte ihn: als er seine Frau eingefangen hatte, trug sie einen Korb bei sich. «Niemals darfst du da hineinschauen!» hatte sie gesagt. «Wenn du es dennoch tust, wird uns beide großes Unglück treffen.»

Nach einiger Zeit vergaß der Mann sein Versprechen. Als er einmal allein im Hause war, sah er den Korb im Dunkeln stehen, zog das Tuch davon ab und brach in lautes Lachen aus.

Als seine Frau heimkehrte, wußte sie sofort, was geschehen war. Sie schaute ihn an und sagte weinend: «Du hast in den Korb geschaut!» Der Mann aber lachte nur und sagte: «Du dummes Weib, was soll das Geheimnis um diesen Korb? Da ist ja gar nichts drin!»

Aber noch während er dies sagte, wendete sie sich von ihm ab, ging in den Sonnenuntergang und wurde auf Erden nie wieder gesehen.

Und wißt ihr, warum sie wegging? Nicht, weil er sein Versprechen gebrochen hatte. Sie ging, weil er die schönen Sachen, die sie vom Himmel für beide mitgebracht hatte, nicht sehen konnte und darüber sogar noch lachte.

Spielanregungen: *Wir lassen die Kinder raten:*
- *Was hat die Frau in dem Korb vom Himmel gebracht?*
- *Waren es Sterne?*
- *War es der Mond?*
- *War es ihre Liebe?*
- *War es die Sonne?*
- *Waren es Kristalle?*
- *Waren es funkelnde Schneesterne?*
- *Waren es Lieder und Tänze?*
- *War es ein Regenbogen oder ein Herz in reinen Farben?*
- *Diese Geschenke des Himmels dürft ihr jetzt malen.*

MIT ALLEN SINNEN ERLEBEN

Nur was wir mit unseren Sinnen aufnehmen, gelangt in unser Gehirn. Nur was wir «be-greifen», wird begriffen. «Begreifen» heißt verstehen. «Etwas fassen» hat einen doppelten Sinn: Es bedeutet sowohl erfassen als auch auffassen. Der Weg führt vom «Begreifen» zum «Begriff». Ganzheitlich erziehen heißt für mich auch: die Kinder mit allen fünf Sinnen die Welt erleben lassen. Nur wer zuerst außen fühlen, riechen, schmecken, sehen und hören kann, wird ganz bei sich ankommen. Nur dann kann er sich der Stille öffnen und die leise Stimme in seinem Innern hören und mit dem innern Auge anfangen zu sehen.

Veränderungen der Wahrnehmungen und des Erlebens

Die Welt des Kindes wird heute von Spielzeug überflutet. Durch die Massenmedien werden Gestalten aus Geschichten in die Phantasie der Kinder eingeschleust. Man kann diese Figuren kaufen. Sie sind auf Video zu sehen und auf Tonband zu hören. Es gibt sie als Anstecker und Eßwaren. Diese vorgegebenen Figuren beschneiden die Phantasie der Kinder. Durch das Fernsehen ist das Kind einem Dauerfluß von Bilderlebnissen ausgesetzt, die es, da die Zeit dazu fehlt, nicht genügend verarbeiten kann. Unverdaut nisten sich die Erfahrungen aus zweiter Hand in seinem Unterbewußtsein ein. Darum ist es heute so wichtig, daß wir auf bewußte Wahrnehmungserlebnisse achten. Der Sehsinn wird besonders beansprucht, der Gehörsinn schon bedeutend weniger und der Tast-, Geruchs- und Geschmackssinn drohen zu verkümmern.

Stille als Weg zur eigenen Mitte

Maria Montessori, die bekannte Kinderärztin aus Italien, die anfangs unseres Jahrhunderts die Montessori-Kindergärten und -Schulen gründete, beschäftigte sich sehr mit der Stille und ihrer Bedeutung in der Erziehung. Sie sagte: «Stille wird von Kindern gewünscht und gebraucht. Stille hilft den Kindern und stärkt sie.» Sie empfiehlt Momente der Stille täglich im Leben der Kinder einzubauen. Das kann mit Wahrnehmungsspielen geschehen.

Stilleübungen ermöglichen dem Kind ein Einhalten im Strom der täglichen Hektik, der überbordenden Eindrücke und Erfahrungen. Sie setzen einen Gegenpol. Sie sind wie eine Rückkehr zur Quelle der Energie. Dieses «Nach-innen-Tauchen» erlebt das Kind als erfrischend, stärkend und wohltuend.

Während der Stilleübungen erfährt das Kind, daß es eine innere Welt hat. Die äußeren Einflüsse sind gedämpft. Es richtet seine Aufmerksamkeit auf bestimmte Wahrnehmungen wie einen Ton hören,

beobachten, was mit den Händen geschieht, etwas riechen oder einer Geschichte folgen. Durch die Stille nimmt das Kind sich selbst und seine Erlebnisse und Erfahrungen anders wahr. Neue Wahrnehmungsmöglichkeiten werden geöffnet. Dadurch findet eine Weiterentwicklung statt.

Spielanregungen zum Sehen

Unsere Kultur ist eine Kultur des Scheins. Weil wir überflutet sind mit Bildeindrücken, können viele Kinder mit ihren Augen nicht mehr längere Zeit bei einem Gegenstand verweilen, ihn ruhig betrachten, staunen und genau hinsehen.

- *Wir zählen auf, was wir alles mit den Augen im Raum sehen, ohne den Kopf zu bewegen. Dieses Spiel läßt sich auch im Wald, auf der Wiese oder im Garten spielen.*
- *Wir schneiden ein Fenster in ein Blatt Papier und bedecken damit eine Bilderbuchseite. Wer kann erraten, zu was dieser kleine Bildausschnitt gehört?*
- *Wir spielen: «Ich sehe was, was du nicht siehst, es ist blau.» Die anderen Kinder versuchen, diesen Gegenstand zu erraten. Der nächste Spieler wählt eine andere Farbe im Raum.*
- *Wir lassen innere Bilder entstehen. Wir schließen die Augen und stellen uns einen Gegenstand vor: Früchte, Kleider, Rennautos, Tiere, Blumen usw. Die Kinder beschreiben, was sie gesehen haben.*
- *Wir legen verschiedene Gegenstände aus der Natur, dem Haushalt oder dem Kinderzimmer auf ein Tablett. Die Kinder schauen sich die Gegenstände einige Sekunden an. Dann wird alles mit einem Tuch zugedeckt. Die Kinder versuchen aufzuzählen oder zu malen, was unter dem Tuch ist. Als Spielvariante nehmen wir jeweils einen Gegenstand weg oder legen einen neuen dazu. Wer findet heraus, was sich verändert hat?*

Spielanregungen zum Hören

Wahrnehmungsübungen für das Hören dürfen für Vorschulkinder höchstens ein bis zwei Minuten dauern. Damit die Kinder nicht abgelenkt werden, schließen sie einen Moment die Augen. Blind können sie sich besser auf Geräusche und Töne konzentrieren.

- *Ein Spieler macht ein Geräusch mit einem Zimmergegenstand wie etwa: die Türe öffnen und schließen, auf den Tisch trommeln, mit Besteck klappern... Die anderen Kinder versuchen, das Geräusch zu erraten. Wer die richtige Lösung hat, darf als nächster ein Rategeräusch machen.*
- *Wir hören dem Prasseln des Regens zu.*
- *Wir horchen aus dem Fenster: Wer hört Vögel, Hunde, Autos oder Schritte?*
- *Wir lassen in unserer Vorstellung ein riesiges Ohr wachsen und versuchen, das am weitesten entfernte Geräusch zu hören. Was ist es?*
- *Wir konzentrieren uns auf den eigenen Atem. Wie klingt er?*
- *Wir hören dem Klingen einer Glocke, einem Triangel oder einem Gong zu, bis der Ton verhallt.*
- *Wir legen ein Ohr auf den Fußboden, an die Wand oder auf den Rasen. Was ist zu hören?*
- *Wer kann das Rauschen eines Kornfeldes vom Rauschen eines Baumes unterscheiden?*
- *Kann Wasser verschieden klingen? Vergleicht das Rauschen eines Baches und das von Regentropfen. Wie klingen fallende Tropfen aus dem Wasserhahn, wenn sie in ein Gefäß aus Glas, Blech oder Plastik tropfen?*

Spielanregungen zum Riechen

Machen Sie zwischendurch immer wieder Riechspiele mit Ihren Kindern. Lassen Sie die Kleinen blind an verschiedenen Haushaltsgegenständen, Toilettensachen, Blumen, Früchten und Gemüsen schnuppern. Wer entwickelt sich zum besten Familienriecher?

- *Augen zu, ist das Vaters Rasierwasser oder Mutters Haarshampoo?*
- *Augen zu, riecht das nach Senf oder Zahnpasta?*
- *Augen zu, was kocht in der Pfanne, Spaghetti oder Sauerkraut?*
- *Augen zu, riecht das nach Milch oder Apfelsaft?*
- *Versuchen Sie auf Spaziergängen, verschiedene Baumsorten zu riechen.*
- *Wer kann drei bis fünf verschiedene Feldblumen mit geschlossenen Augen unterscheiden?*
- *Wie riecht die Erde nach einem Gewitter?*
- *Wie riecht eine blühende Wiese an einem Sommertag?*
- *Wie riecht das Katzenkistchen?*

Spielanregungen zum Schmecken

Wir können im Alltag viel mehr schmecken, als wir ahnen. Die Zunge ist ein sensibles Sinnesorgan. Kinder reagieren schon früh auf süß, sauer oder bitter.

- *Wir machen ein Schmeck-Ratespiel. Ein Kind sitzt mit verbundenen Augen da, und wir stecken ihm nacheinander drei eßbare Sachen in den Mund. Was war es? Eine Zitronenscheibe, ein Apfelstückchen, ein Pfefferminzblatt, ein Stück Rübe, ein Radieschen usw.*
- *Wir füllen in Gläser verschiedene Getränke ein: Milch, Apfelsaft, Coca Cola, Holundersirup, Tee. Die Kinder dürfen mit geschlossenen Augen daran nippen, um zu erraten, was es ist.*

Spielanregungen zum Tasten und Fühlen

Wir besprechen mit den Kindern: «Was können Hände alles tun?» Sie können greifen, fühlen, formen, fassen, tasten, klatschen, reiben, streicheln, berühren, kratzen, schreiben, zeigen, stoßen, spielen, tragen, ziehen und noch vieles mehr.

- *Wir spielen pantomimisch nach, was wir mit den Händen alles tun können: kratzen, streicheln, klatschen, zupfen, Fäuste machen usw.*
- *Wir machen Handzeichen: Stopp, den Vogel zeigen, winken, den Verkehr regeln usw.*
- *Wir besprechen, wofür wir die einzelnen Finger haben, und was geschieht, wenn einer fehlt.*
- *Wir tasten mit verbundenen Augen Gegenstände ab und versuchen zu erraten, was es ist.*
- *Was ist in der Schachtel? Die Kinder greifen blind in eine Schachtel und versuchen, einen bestimmten Gegenstand zu finden. Wer findet die Nuß, die Kastanie, den Handschuh oder den Löffel?*
- *Wir machen einen Blindenspaziergang. Ein Kind hat die Augen geschlossen, und das andere führt den «Blinden» zu drei markanten Naturgegenständen im Garten oder im Wald. Das kann ein Baum sein, eine Blume, ein Grasbüschel, ein Tannenzapfen, eine Wand, ein Zaun usw. Der «Blinde» darf am Schluß des Spaziergangs erzählen, was er mit den Händen erfühlt und erkannt hat.*
- *Wir umarmen einen Baum, schließen die Augen und versuchen mit dem Herzen zu sehen und zu spüren, was uns der Baum sagen will.*
- *Wir reden darüber, was wir mit offener Hand tun können und was mit geschlossener.*

- *Wir sitzen still, schließen die Augen und fühlen uns in unsere Hände ein. Dann legen wir die Hand auf ein Zeichenpapier, fahren mit dem Bleistift den Konturen nach und malen mit Filzstiften die Hand aus, so wie wir sie gefühlt haben. Das Bild wird ausgeschnitten und auf eine andersfarbige Unterlage geklebt.*
- *Das gleiche können wir mit den Füßen machen. Wie fühlen sich die Füße an? Wie malen wir sie aus?*

ZEIT FÜR GESCHICHTEN

Bettzeit ist die beste Geschichtenzeit.
Kinder lieben Geborgenheit in der Dämmerung.
Es gibt eine Zeit im Tag,
da werden die Schatten länger und länger.
Der Wind bläst durch die Blätter der Bäume
und die Amsel singt ihr Abendlied.
Wir rücken in den Stuben gemütlich zusammen
und zünden eine Kerze an.
Wir lassen uns ins Märchenland entführen.
Lichter weisen uns den Weg dorthin.
Jedes Licht hat einen Märchennamen.
Ein kleiner Geschichtenengel verrät sie uns:
Dieses Licht heißt: Die Sterntaler.
Dieses Licht heißt: Die Wichtelmännchen.
Dieses Licht heißt: Die Sonne und die Wolke.
Dieses Licht heißt: Das Wasser des Lebens.
Dieses Licht heißt: Der Korb mit den wunderbaren Sachen.
Dieses Licht heißt: Der Engel.
Ein Bilderengel wirft uns Märchenbilder zu.
Wir fangen sie freudig auf.
Eine Handvoll bunter Steine auf der Fensterbank
und ein kleiner Regenbogen beobachten das lustige Treiben.
Sie flüstern uns zu: «Schlaft gut und träumt süß
unter dem Märchenzelt der hunderttausend Lichter!»

Wir richten eine Geschichtenecke ein

Kinder lieben Wiederholungen und Rituale. Darum beginnen wir unsere Gutenachtgeschichten mit einem kleinen Ritual. Wir erzählen wenn möglich immer zur gleichen Zeit und am selben Ort in der Wohnung. In diesen besonderen Momenten vor dem Einschlafen brauchen Kinder eine gute emotionale Atmosphäre. Jetzt ist Zeit für gemütliche Ruhe, kuschelige Nähe und die Bestätigung der Liebe in der Familie.

Geschichtenteppich:
Wir setzen uns zum Erzählen mit den Kindern auf einen Geschichtenteppich, den wir nur für diesen Zweck verwenden. Das kann ein spezielles Tuch sein, eine farbige Wolldecke, ein bunter Batikdruck oder eine Patchworkdecke. An einem Regensonntag könnte die ganze Familie ihr Märchentuch entwerfen und anfertigen. Ein Geschichtenteppich ist auch ein schönes Geschenk für Weihnachten oder einen Geburtstag.

Bärenfell:
Auch eine haarige Bettvorlage oder ein Badezimmerteppich können unseren Platz für die Geschichtenzeit markieren. Sie verwandeln sich in unser Märchen-Bärenfell.

Kuschelecke:
Mit etwas Phantasie, Kissen und Tüchern läßt sich jedes Bett oder Sofa zu einer Kuschelecke umfunktionieren. Kinder sind Genießer: wohlig eingekuschelt in ein Schlangenkissen, ein Hasenkissen oder in eine Schildkröte lassen sich Geschichten und Märchen noch besser anhören.

Märchenzelt:
Die einfachste Variante für unser Märchenzelt ist der Kauf eines preisgünstigen Moskitonetzes in einem Warenhaus. Der Vorteil: Dieses duftige Zelt müssen wir nur noch an der Decke befestigen und unter einer Kindermatratze einschlagen.
Wer das Märchenzelt selber basteln will, benötigt einen Gymnastikreifen, Rebgaze oder dünnen Vorhangstoff und eine Kindermatratze. Der tüllartige Schleier wird um den Reifen genäht. Am Reifen befestigen wir an vier Kreuzpunkten

je ein Band. Wir knüpfen die Bänder zusammen und hängen das Ganze an einem Haken an der Decke auf. Damit ein Zelt entsteht schlagen wir den unteren Rand des Schleiers unter der Kindermatratze ein.

Märchenkerze:
Vor dem Erzählen zünden wir jedesmal eine Kerze an. Stimmungsvoll sind Bienenwachskerzen. Wir stellen sie auf einen Spiegel, einen großen Teller oder in einen Blumentopf. Um die Kerze legen wir farbige Steine, Kristalle, Tannenzapfen, Muscheln, Schneckenhäuser, Blumen, kleine Vögel, Zwerge oder etwas Goldenes. Wir wechseln oder ergänzen die Dekoration von Zeit zu Zeit.

Märchenlaterne:
Vielleicht finden wir auch eine Laterne, die wir zu einer Märchenlaterne umbauen können. Wir kleben farbige, feuerfeste Folie auf die Glasscheiben. Die Laterne läßt sich auch mit durchsichtigen Fensterfarben bemalen. Wie wär's mit einer Märchenszene? Farbige Tupfen, Streifen oder Sterne genügen auch. Vielleicht hätten die Kinder auch gerne einen Regenbogen?

Duftstein und Duftlampe:
Ein Tropfen ätherisches Öl auf einem Duftstein oder in einer Duftlampe können den Raum verzaubern. Düfte verbinden sich ganz intensiv mit dem Erlebten. Denken wir nur an Weihnachten, das Gebäck, die Tannenzweige und die Kerzen. Die Kinder verbinden für immer den Duft einer solchen Lampe mit den Märchen.
Rosen- und Lavendelöl wirken beruhigend und entspannend. Orangen-, Mandarinen- und Zitrusöl verbreiten eine erfrischende Freudigkeit. Probieren Sie aus, welche Düfte Ihre Kinder lieben, und welche Duftnote zu welchem Märchen paßt. Es ist möglich, daß Schneewittchen nicht gleich riecht wie Frau Holle oder Hans im Glück.

Wir erzählen Märchen

Viele Eltern fragen sich: Sind Märchen nicht veraltet? Sind Märchen nicht zu moralisch oder zu brutal? Traditionelle Kindergeschichten werden nicht nur zum Zeitvertreib erzählt. Sie arbeiten mit klaren, starken Bildern. Ihr tieferer Zweck ist, über Jahrhunderte hinweg innere Wahrheiten bekannt zu machen. Sie beschreiben mit Bildern Zustände der Seele und zeigen Gesetzmäßigkeiten in der psychologischen Entwicklung des Menschen auf. Sie erzählen oft indirekt auch von göttlichen Dingen. Gewalt tritt nie um der Gewalt willen auf. Es werden die negativen Folgen von Missetaten aufgezeigt und die positiven Ergebnisse von tugendhaftem Verhalten. Ein gutes Märchen hat nie die Absicht, das Interesse am Bösen zu wecken oder das Kind zu lehren, sich mit Morbidem zu befassen. Ganz im Gegenteil. Ihr Ziel ist es, das innere Auge zu wecken und die Aufmerksamkeit der kleinen Zuhörer auf intuitivem Weg zum Geheimnisvollen, zum Heiligen und zur Andacht zu lenken. Ganz ungezwungen kommt das Kind auch mit Ehrfurcht in Berührung. Es erkennt natürliche Rangordnungen und lernt sie zu respektieren.

Eltern sollten Märchen sorgfältig lesen und versuchen zu spüren, ob die Thematik des Märchens zum Befinden des Kindes eine Beziehung hat. Aufgrund dieses Gefühls können die passenden Geschichten kritisch ausgewählt werden. Wenn Sie nur den geringsten Zweifel daran haben, ob die Geschichte für Ihre Kinder gut ist, dann erzählen Sie sie besser nicht. Geschichten aus einem Buch vorzulesen ist gut. Aber sie mit eigenen Worten zu erzählen ist besser. Wenn Sie nicht ans Buch gebunden sind, können sie sich offener und freier den Kindern und ihren Reaktionen zuwenden. Es bleibt mehr Raum für Spontaneität. Erzählen Sie spannend, lustig und abwechslungsreich. Das Ganze soll Spaß machen. Erzählen Sie humorvoll.

Marie L. Schedlock sagt über Humor: «Humor entwickelt das logische Denkvermögen und verhindert voreilige Schlüsse. Er führt zu einer klaren Wahrnehmung aller Situationen und versetzt das Kind in die Lage, den Blickwinkel eines andern Menschen zu verstehen. Er vermittelt dem Kind unmerklich die ersten ‹philosophischen› Begriffe. Humor lehrt uns schon in jungen Jahren, nicht zuviel zu erwarten. Diese Philosophie kann ohne Zynismus oder Pessimismus entwickelt werden, ohne die Lebensfreude zu zerstören.»

Die Geschichtenerzählerin oder der Geschichtenerzähler müssen wissen, was sie erzählt haben, denn Kinder lieben Wiederholungen. Sie wollen die Geschichten ein anderes Mal möglichst im gleichen Wortlaut hören.

Spielanregungen:

- *Nach dem Erzählen fragen Sie Ihr Kind, wie es sich nun fühlt. Ist es traurig, glücklich, aufgeregt? War die Geschichte komisch, spannend oder langweilig? Wer ist ihm am liebsten aus der Geschichte, und warum? Warum war der Zauberer böse? Warum hat der Held oder die Heldin alles verschenkt? Warum sind manche Menschen gemein und manche so hilfreich? Ermuntern Sie Ihre Kinder, «Warum-Frage-Ketten» zu stellen. Sie sind wichtig, um die verborgenen Gesetzmäßigkeiten der Seele zu erforschen.*
- *Lassen Sie sich die Geschichte vom Kind wiedererzählen. Das kann auch an einem anderen Tag sein. Warum nicht beim Abwaschen oder auf einem Spaziergang im Wald? Sie werden staunen, wie das Kind Ihre Stimme und Ihre Art zu erzählen imitiert und wie viele Details es behalten hat!*
- *Eine weitere Variante, das Märchen spielerisch zu vertiefen, ist, daß das Kind seine Eindrücke mit Farbstiften, Ölkreiden oder Wasserfarben zeichnet. Sie können die Zeichnungen sammeln und später zu einem Heft zusammenbinden. Kinder lieben es auch, Märchenfiguren mit Plastilin oder Ton zu modellieren. Wenn die modellierten Figuren eine Zeitlang bei der Märchenkerze stehen dürfen, wird das den Kindern mit Sicherheit Freude machen.*

Wir schauen Bilderbücher an

Bilderbücher gibt es schon seit Jahrhunderten. Sie wurden ursprünglich für Erwachsene gemalt, die nicht lesen konnten. Diese Bilderbücher verbesserten ihr Sprachverständnis. Textlose Bilderbücher fördern auch heute noch die Sprachentwicklung. Wenn wir sie gemeinsam mit den Kindern anschauen, benennen wir alle abgebildeten Gegenstände. Bei Tieren machen wir die Laute nach. Ein Hund macht:

«Wau, wau, wau!» Die Katze macht: «Miau, miau!» Das Kind lernt so, Tierstimmen nachzuahmen und Dinge zu benennen.

Später erfindet das Kind eigene Geschichten zu den Bildern. Es braucht dazu den Erwachsenen, der ihm zuhört und lebendig miterzählt. Wenn wir den Kindern oft Bilderbücher erzählen, finden sie später eher den Weg zu eigenem Lesen. Genaues Schauen und Hören fördert das Sinnverständnis.

Lassen Sie das Kind manchmal das Bild auch allein betrachten, losgelöst von der Geschichte. Lassen Sie sich erzählen, was das Kind alles sieht. Kinder gewinnen erstes Wissen aus Bilderbüchern.

Meine Geschwister und ich sagten zum Bilderbücheranschauen «Büechele». Wir durften jeden Mittag nach dem Essen zwanzig Minuten bis eine halbe Stunde auf den Betten liegen und Bilderbücher anschauen. Auch am Abend vor dem Einschlafen war Bilderbuchzeit. Ich habe das als sehr schön in Erinnerung, und es hat mich überhaupt nicht gestört, daß es über Wochen immer wieder dieselben Bücher waren. Mein Bruder und ich haben die Geschichten immer weitergesponnen. Wir machten ganze Fortsetzungsromane daraus.

Wird die Beschäftigung mit Kinderbüchern als tägliches Ritual in den Alltag eingebaut, so entwickeln die Kinder mit der Zeit von sich aus ein starkes Bedürfnis, Bücher zu «lesen». Später werden sie meistens passionierte Leseratten.

Wir erfinden Geschichten

Mit Fingerreimen werden die einfachsten Geschichten erzählt. Sie eignen sich sehr gut für Vorschulkinder. Schon kleine Mädchen und Buben können zu jedem Finger spontan einen kurzen Satz sagen. Wir beginnen immer mit: «Das sind fünf...» und zeigen dabei die ganze Hand und dann wird der Reihe nach bei jedem Finger die Geschichte weitererzählt. Wir führen die Tätigkeit jedes Fingers mit einer Bewegung pantomimisch aus. Dem kleinsten Finger passieren immer besondere Sachen. Hier ein paar Beispiele:

Fingerreime

Das sind fünf Zwerge:
Der erste klopft Gold im Berge,
Der zweite putzt die Wurzeln der Bäume,
Der dritte hat Zeit zum Träumen,
Der vierte poliert die Edelsteine
Und der fünfte ruft:
Warum hab ich nur so kurze Beine?

Das sind fünf Riesen:
Der erste reißt Bäume aus,
Der zweite trägt Siebenmeilenstiefel,
Der dritte wirft Felsbrocken in den See,
Der vierte hampelt und trampelt den Riesentanz,
Der fünfte singt donnernd das Riesenlied:
«Holla, holla, hee!»

Ich hab fünf Schmetterlingsfeen an meiner Hand:
Die erste ist Rot und heißt – Mut
Die zweite ist Orange und heißt – Fröhlichkeit
Die dritte ist Gelb und heißt – Denken
Die vierte ist Grün und heißt – Gesundheit
Die fünfte ist Rosa und heißt – Liebe.

Die fünf Wunderfitze fragen:
Warum ist der Himmel blau?
Wo kommt der Regen her?
Warum wird es am Abend dunkel?
Wie schnell weht der Wind?
Wie wachsen die Blumen?

Spielanregung:
Wer weiß die Antworten? Wer stellt seinen Fingern andere Fragen?

Es war einmal
Wir geben den Kindern ein paar Einstiegssätze, und sie dürfen dann die Geschichte selber weiterspinnen. Einer fängt mit dem Satz an:

«Es war einmal ein kleiner Zwerg. Der lebte in einem Berg. Dort fand er...»

Der nächste ergänzt die Geschichte.

Oder: «Es war einmal ein Riese. Der hatte einen riesengroßen Hut. Da fiel ihm...»

Wer erfindet die Geschichte weiter?

«Es war einmal ein Schneider. Der schneiderte am Tag siebenhundert Röcke. Doch eines Morgens...»

Was ist ihm wohl passiert?

«Es war einmal ein Bäcker. Der stand jeden Morgen um fünf Uhr in der Backstube. Er machte die größten und besten Torten weit und breit. Eines Nachts kam eine Mausefamilie und...»

Die Dreibildergeschichte
Wir zeichnen auf Karten einfache Symbole: eine Krone, einen Baum, einen Zauberstab, einen Brunnen, eine Goldkugel, einen Stern, eine Zwergenmütze, einen Esel, einen Kristall, eine Tanne, einen Fluß, ein Schloß usw. Wir legen die Karten auf einen schönen Teller. Von jetzt an ist das unser Märchenteller. Wir bedecken die Karten mit einem Tuch. Der Spieler zieht nun drei Karten und erfindet eine Geschichte dazu.

Wer waren die Brüder Grimm?

Wir alle kennen die Märchen der Brüder Grimm. Diese Geschichten haben fast 200 Jahre die Phantasie der Kinder beschäftigt. Wer waren die Verfasser? Jakob Grimm lebte von 1785 bis 1863 und Wilhelm Grimm von 1786 bis 1859. Während ihrer Kindheit tobten die Revolutionskriege. Sie wohnten in Hanau, in der Nähe von Mainz, das damals von den Franzosen besetzt war. In elfjähriger Ehe hatte die Mutter Grimm neun Kinder geboren. Sechs überlebten. Es war ein schwerer Schlag für die Familie, als der Vater mit vierzig Jahren starb. Jakob war gerade elf Jahre alt.

Jakob und Wilhelm mußten die Mutter im Alter von zwölf und dreizehn Jahren verlassen, um in Kassel die höhere Schule zu besuchen. Die Mutter zog ihnen später nach, starb aber bald darauf. Jakob übernahm mit 23 Jahren die Verantwortung für seine Geschwister. Er stand dem Haushalt vor und sorgte für die Ausbildung der jüngeren Brüder. Jakob und Wilhelm wurden als Bibliothekare des Kurfürsten angestellt. Doch der entließ sie bald, so daß sie 1829

von Kassel nach Göttingen übersiedeln mußten. Jakob arbeitete dort wieder als Bibliothekar und Professor. Die beiden Brüder beteiligten sich am sogenannten «Protest der Göttinger Sieben». Das Protestschreiben hatte politische Folgen. Sie wurden des Amtes enthoben und des Landes verwiesen.

Die Erstausgabe der «Kinder- und Hausmärchen» erschien von 1812 bis 15 in drei Bänden. Später arbeiteten die beiden als Sprachforscher in Berlin. Sie begannen das «Deutsche Wörterbuch» zu schreiben. Geplant waren sechs Bände. Es entstand ein einmaliges Nachschlagewerk. Wer nach der Bedeutung und dem Sinn eines Wortes, seinem Gebrauch im Verlauf der deutschen Geschichte fragt, hat im Grimmschen Wörterbuch eine Fundgrube, wie er sie sich besser nicht wünschen kann. Das Wörterbuch wurde nach ihrem Tode weitergeführt und umfaßt heute 33 Bände, die es als dtv-Ausgabe gibt. Die Verfasser der Grimmschen Hausmärchen waren keine «Spinner», sondern ernsthafte, intelligente Männer. Daß ihre beiden Hauptwerke, die «Kinder- und Hausmärchen» und das «Deutsche Wörterbuch» nach so langer Zeit noch in unseren Buchhandlungen zu haben sind, ist bemerkenswert.

Die schönsten Grimm-Märchen

Nicht alle Märchen sind für Kinder geeignet. Manche sind zu lang oder zu traurig. Denken Sie nur an Andersens Märchen «Das Mädchen mit den Schwefelhölzern». Oft behandeln Märchen auch Themen, die Kinder noch nicht verstehen können. Sie sind für Erwachsene gedacht. In vielen Märchen der Brüder Grimm finden wir jedoch genau den richtigen Ton und die inneren Bilder, die Kinder im Vorschulalter brauchen. Sie erreichen das innere Ohr des Kindes und berühren sein Herz. Hier ein paar Deutungen von Märchenmotiven, die immer wieder auftauchen:

- *Der gute König, die Sonne, der allesvergebende Vater symbolisieren Gott.*
- *Das Böse, der mächtige Zauberer, die gottlose Hexe symbolisieren die dunklen Seiten im Menschen.*
- *Magische Worte und Beschwörungen wirken wie ein Gebet oder ein Mantra.*
- *Reisen in ferne Länder zeigen veränderte Bewußtseinszustände und mystische Erfahrungen.*
- *Wenn Feen, Riesen, Zwerge und Kobolde in Märchen erscheinen, zeigen sich uns die Bewohner der unsichtbaren Welten.*
- *Magische Tiere und Lichtwesen, die dem Helden oder der Heldin helfen, im Märchen ihr Ziel zu erreichen, sind Geister, Seelenhüter oder Engel.*

Sie finden hier eine Aufstellung der schönsten Märchen der Brüder Grimm. Sie eignen sich bestens für Kinder im Vorschulalter. Märchen sind aber auch eine Notwendigkeit in der Grundschule und werden sogar von älteren Schülern geschätzt:

Rotkäppchen
Aschenputtel
Schneewittchen und die sieben Zwerge
Rumpelstilzchen
Der Wolf und die sieben Geißlein
Rapunzel
Drei Männlein im Walde
Der Fischer und seine Frau
Hänsel und Gretel
Das tapfere Schneiderlein
Frau Holle
Die sieben Raben
Die Bremer Stadtmusikanten
Tischlein deck dich, Goldesel und Knüppel aus dem Sack
Die sechs Schwäne
Dornröschen
Fundevogel
Allerleirauh
Sechse kommen durch die ganze Welt
Der Teufel mit den drei goldenen Haaren
Hans im Glück
Die Gänsemagd
Schneeweißchen und Rosenrot
Das Waldhaus
Die Sterntaler
Hans mein Igel
Die Nixe im Teich
Die Kristallkugel
Das Wasser des Lebens

Erwachsene erinnern sich

Ausgangspunkt der folgenden kurzen Erlebnisse war meine Frage an Erwachsene: «Sahen sie als Kind Zwerge, Elfen, Hexen oder Riesen?» Die meisten überlegten einen Moment und sagten: «Nein, aber...!» um gleich darauf detaillierte Erinnerungen an ihre Kindheit zu erzählen. Anscheinend haben alle Kinder Kontakt zu unsichtbaren Freunden. Sie erscheinen ihnen spontan beim Spielen. Kinder brauchen Phantasiefiguren so dringend wie die Luft zum Atmen. Interessant ist, daß sich Erwachsene noch Jahrzehnte später an diese mit dem Herzen erfühlten Wesen erinnern. Kinder auf der ganzen Welt lieben ihre unsichtbaren Freunde. Sie sprechen und sie spielen mit ihnen, wenn wir sie ungestört lassen und nicht eingreifen. Dieses bildhafte Erleben ist ein seelisches Erlebnis. Es passiert nicht nur beim Märchenerzählen und Zuhören, sondern auch im täglichen Spiel. Im spontanen Rollenspiel fließt die schöpferische Inspiration, die es braucht, um dieses bildhafte Erleben in der Seele anzuregen. Kinder leben in dieser elementaren Bilderwelt, sie können schlecht darüber sprechen. Ihre Welt ist nicht die Sprache sondern das Spiel. Die unsichtbaren Freunde sind ihr Geheimnis. Darum habe ich Erwachsene zu diesem Thema befragt. Es ist erstaunlich, wie real diese unsichtbaren Figuren auch heute noch in Erwachsenen leben. Prinzen, Zwerge, Elfen, Hexen, sie alle sind anzutreffen: Lesen Sie, was mir alles erzählt wurde. Geben Sie an Ihre Kinder weiter, was Ihnen Spaß macht. Flechten Sie Ihre eigenen Kindheitserlebnisse mit ein. Die Kinder werden sich freuen.

Prinzen waren unser Geheimnis

Dora, eine sechzig Jahre alte Malerin, sagte zu mir: «Nein, Zwerge und Elfen habe ich als Kind nie gesehen, aber kleine Prinzen. Die trugen einen Rock mit Gürtel und eng anliegende Hosen. Ihre Füße steckten in Sandalen. Sie hatten schulterlanges blondes Haar. Ich konnte mit ihnen sprechen und mit ihnen spielen. Mein liebster Prinz trug ein pinkfarbenes Wams. Ich habe über Jahre mit ihm gespielt. Auch meine Schwester durfte mitmachen. Wir haben zusammen stundenlang mit den Prinzen Geschichten erfunden und Spiele entwickelt. Die Prinzen waren unser Geheimnis. Wir haben ihre Existenz nie verraten, weder den Eltern noch unseren Freundinnen.»

Tanzende Lichter über den Pflanzen

David, ein junger Landwirt, berichtete mir: «Ich sah als Kind keine Zwerge, aber ich sah kleine Lichter an den Bäumen und den Pflanzen auf und ab wandern. Manchmal sah es aus, als ob die Flämmchen über den Pflanzen tanzten wie kleine Insekten oder Schmetterlinge. Vielleicht waren das Elfen. Wenn ich die kleinen Lichter tanzen sah, wurde mir immer wohlig warm ums Herz. Ich setzte mich dann leise hin und staunte...»

Hörst du die Zwerge arbeiten unter dem Waldboden?

Kathrin, eine fünfundzwanzigjährige Erzieherin erzählte mir: «Wenn wir im Wald spazierten, Vater, meine Geschwister und ich, und wir zu einer moosbewachsenen Stelle kamen, sagte mein Vater: ‹Kinder, legt ein Ohr auf den Waldboden und lauscht, ob ihr die Zwerge arbeiten hört!› Wenn ich das machte, konnte ich das Klopfen der Zwerge deutlich hören. Ich schloß die Augen und sah, wie die Zwerge unter der Erde die Edelsteine in die Kristallform klopften. Auch hörte ich, wie sie die Wurzeln der Bäume schabten und bürsteten, damit sie das Wasser aufsaugen konnten. Für mich war das sehr spannend und natürlich. Die Geräusche waren auf jedem Waldspaziergang zu hören.»

Mein Zwerg hieß Alfons

Susanne, eine Frau Mitte fünfzig, erinnert sich: «Ich selber hatte als Kind öfter Erlebnisse mit Zwergen. Ich hatte eine gute Phantasie und konnte mir die Wesen vorstellen. Ich sprach überall mit ihnen, mit Pflanzen, mit Tieren, mit meinen Phantasiegestalten. Ich hatte einen Zwerg, einen ganz persönlichen, den nannte ich Alfons. Alfons legte sich immer auf meine Füße vor dem Einschlafen. Er wärmte und massierte sie für mich. So hatte ich nie kalte Füße als Kind. Er sah aus wie ein kleines altes Männchen, mit Bart, roter Zipfelmütze und einem moosbewachsenen Kleid. Er war so eine Art Waldmoosmännchen. Alfons schlief bei mir auf meinen Füßen und tagsüber, wenn ich weg ging, hütete er meine Spielsachen. Ich konnte zu ihm sagen, Alfons schau, daß mir die anderen die Puppen nicht nehmen. Ich konnte beruhigt weggehen, denn ich wußte, Alfons war ein guter Wächter.»

Gigü, Gabö und Nör

Heidi, die fünfzigjährige Geschäftsfrau, erzählte mir: «Ich weiß nicht, ob ich als Kind Zwerge gesehen habe. Ich liebte es, im Wald zu spielen. Wir bauten viele Mooshäuschen und machten Männchen aus Zapfen und Steinen. Wir sprachen mit ihnen, aber ob ich sie wirklich gesehen habe, das weiß ich nicht. Hingegen ist mir unvergeßlich: Mein Sohn Thomas erfand drei Spielfiguren. Er gab ihnen die Namen Gigü, Gabö und Nör. Gigü und Gabö waren zwei liebe Gesellen. Wenn er mit ihnen spielte, sprach er immer mit hoher Stimme. Nör war der Böse. Wenn Nör ins Spiel kam, wurde seine Stimme immer tief. Nör machte alles kaputt, Nör machte Blödsinn. Mit Nör mußte er immer schimpfen und ihn korrigieren. Er mußte ihn bestrafen. Diese drei Figuren begleiteten ihn gut zwei Jahre lang. Ich habe sein Geheimnis immer respektiert, ihn nie ausgelacht oder ihn darüber ausgefragt. Meine Mutter hat das mit uns auch schon so gemacht.»

Schmetterlinge mit Menschengesichtern

Ursula, eine dreiundfünfzigjährige Religionslehrerin, antwortete auf meine Frage: «Als Kind hatte ich keinen Kontakt mit Zwergen. Aber Elfen sah ich oft. Ich liebte sie sehr. Ich saß hinter unserem Haus an einem Bächlein und sah den Elfen zu. Es war besonders im Frühjahr und im Sommer sehr schön, dazusitzen und zu schauen. Sie tanzten über den Blumen am Wasser. Sie waren kleine Wesen mit Flügeln, zartfarbenen Kleidern und hatten Menschengesichter. Ich konnte sehen, wie sie von Blume zu Blume flogen, und fand das ungemein faszinierend. Manchmal waren ganze Schwärme unterwegs. Sie sahen dann aus wie feine Regenbogenkinder. Manchmal konnte ich auch hören, wie sie miteinander sprachen. Es war eher wie leises Glockengeläute und ganz feine Musik, als eine Wortsprache. Trotzdem glaubte ich verstehen zu können, was sie sagten. Ich erinnere mich sehr gerne an dieses Gefühl an unserem Bächlein hinter dem Haus. Noch heute, wenn ich an einem Bach vorbeikomme, an dem Blumen sind, spüre ich sofort wieder meine Schmetterlingselfen mit den Menschengesichtern.»

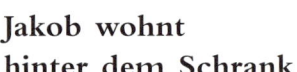

Jakob wohnt hinter dem Schrank

Anna ist heute dreißig Jahre alt. Mit drei Jahren hatte sie einen unsichtbaren Freund. Er wohnte hinter dem Schrank im Korridor. Da war es ein bißchen dunkel und er verschwand immer im Schlitz zwischen dem Schrank und der Wand. Sie nannte ihn Jakob. Jakob war eine Art Zwerg. Sie spielte lange mit ihm und sie sprach mit ihm. Sie machte ganze Einladungen für Jakob. Sie baute mit den Bauklötzchen Häuser für ihn. Sie baute ihm einen Tisch, damit er dort essen konnte. Sie baute ihm ein Bett, damit er dort schlafen konnte. Aber das geschah alles während des Tages. Nachts ging er immer hinter den Schrank. Er verschwand und lebte dort. Sie war froh, daß ihre Eltern Jakob nie sehen konnten. Jakob gehörte ganz ihr allein.

Unser Hexenhaus

Emmi, die Mutter einer zwölfjährigen Tochter erzählt: «Als meine Tochter klein war, spielten wir stundenlang unter einem Haselstrauch. Er hatte die Form eines Hauses. Wir bauten ihn in ein Hexenhaus um. In den Astnischen entstanden verschiedene Zimmer. Im größten Hohlraum richteten wir die Hexenküche ein. Als Material dienten uns Kieselsteine, Zweige, Schneckenhäuser und Blätter. Als Töpfe benützten wir die stacheligen, hohlen Kastanienschalen. Meine Tochter liebte dieses Rollenspiel heiß. Das Sammeln und Einrichten war ein ganz wichtiger und spannender Teil dieses Spiels. Das kleine Mädchen wollte meist die Hexe sein. Sie spielte mit verstellter Stimme. Manchmal übernahm auch ich die Rolle einer Hexe. Ich wohnte im Nachbarhexenhaus. Den krönenden Abschluß bildete jedesmal der gegenseitige Besuch zu einem Hexentee.»

Die Amarillisblumenkönigin lädt zum Tanze

Und hier ein Erlebnis aus meiner Kindheit: Als ich etwa fünf Jahre alt war, konnte ich zum ersten Mal bewußt den Elfen zuschauen. Ich war in den Ferien bei einem Gärtnereehepaar. In deren Stube stand ein aus Holz gesägter Mohr. Er war bemalt mit rot-weiß gestreiften Hosen, einem weißen Hemd und einem schwarzen Frack. Er hielt in den Händen auf einem Silbertablett einen Topf mit einer Amarillis. Die Farbe der Amarillis war außen ein bißchen rosa und innen weiß. Als die Blüte sich öffnete, entstand ein wunderschöner Blätterstern, der sich nach innen zu einem Kelch verdichtete. Ich war völlig fasziniert. Ich hatte noch nie so etwas Wunderschönes, Märchenhaftes gesehen. Aus diesem Blütenkelch streckte die Amarillis bezaubernde Staubfäden heraus: sie waren vorne golden und liefen wie eine zarte Brücke mitten ins Herz der Amarillis. Hinten im Kelch war ein leuchtendes Dreieck zu sehen, und das war der Eingang zum Schloß. Ich setzte mich jeden Morgen, wenn die Sonne auf die Blume schien, zu meiner Blumenkönigin und meinen Elfen. Sie trippelten und tanzten über die Staubfäden zum Eingang des Blumenschlosses. Sie waren wunderbar anzusehen. Sie trugen schleierartige Röcke, hatten Flügel von derselben Farbe und Menschengesichter. Sie trippelten und tanzten und sangen dazu. Ich wußte, sie durften ins Schloß zu einem großen Ball. Wenn ich ihnen zusah, wie sie hinten in der leuchtenden Pyramide verschwanden, dann spürte und sah ich, wie die Amarilliskönigin sie empfing. Ein Orchester spielte und alle tanzten und tanzten. Der Mohr, der den Blumentopf in den Händen hielt, hatte keine Krone an. Für mich war es der Mohrenkönig aus der Weihnachtsgeschichte. Er kam direkt aus dem Morgenland. Darum war ich überzeugt, daß drinnen im Schloß bei der Amarilliskönigin auch das Christkind lag. Maria und Josef standen daneben. Engel und Elfen sangen und tanzten für sie. Alle hatten es wunderschön. Es war mein Geheimnis. Ich sprach mit niemandem darüber, weil ich Angst hatte, die Erwachsenen würden mich auslachen und könnten es nicht verstehen.

Im Reich der Zwerge, Wichtel und Gnome

Überall auf der Welt werden Zwerge als winzige Männlein mit langen Bärten und Zipfelmützen beschrieben. Sie sollen so alt sein wie die Gesteine und Metalle im Innern der Erde. Sie haben viele Namen. Je nach Gegend heissen sie Wichtel, Heinzelmännchen, Gnome, Höhlenmännchen, Unterirdische, Erdmännlein, Kobolde, kleines Volk und Steinmännchen. Sie sind meistens unsichtbar. Sie arbeiten und leben unter der Erde, im Wald und auf den Feldern. Ab und zu sind sie auch in Ställen und Häusern anzutreffen. Das kleine Volk ist scheu und läßt sich nicht gerne beobachten. Sie graben nach Erz in den Bergen und hüten die sieben Metalle: Gold, Silber, Eisen, Quecksilber, Zinn, Kupfer und Blei. Zwerge arbeiten viel, es ist ihr Lebensinhalt. Muße und Erholung sind ihnen unbekannt. Manchmal führen sie Menschen in ihre geheimen Erdhöhlen und zeigen ihnen das Strahlenwunder der Edelsteine. Meistens sind sie den Menschen freundlich gesinnt. Sie werden aber böse, wenn man sie neckt und ärgert. Genauso wie es gute und böse Feen gibt, gibt es auch gute und böse Wichtelmännchen.

Die sieben Zwerge im «Schneewittchen» gehören zur hilfreichen Sorte. Es ist bei uns wohl das bekannteste Zwergenmärchen. Das erste, was wir von den Zwergen erfahren, ist, daß sie von der Arbeit im Bergwerk zurückkommen, wo sie nach Erz gehackt haben. Sie arbeiten wie alle Zwerge hart und verstehen ihr Handwerk. Im Märchen von «Schneewittchen» sind uralte, mystische Weisheiten verborgen. Es heißt: «Schneewittchen aber wuchs heran, und wurde immer schöner, und als es sieben Jahr alt war, war es schön wie der klare Tag.» Seine vollkommene Schönheit scheint in Beziehung zur Sonne zu stehen. Beide sind weiß und rein und haben ein starkes Licht. Die Sonne steht im Mittelpunkt, und die sieben Planeten umkreisen sie. Die sieben Zwerge hinter den Bergen wurden nach altem Volksglauben in direktem Zusammenhang gesehen mit den sieben Wochentagen und den sieben Planeten. Obwohl dieses Wissen nicht mehr allgemein vorhanden ist, ist es Kindern gefühlsmäßig zugänglich.

Manche Märchenforscher sagen, es gebe keine weiblichen Zwerge. Das mag die große Sehnsucht von Rumpelstilzchen erklären, das sich so sehr das Kind der Königin wünscht! Rumpelstilzchen hat der Müllerstochter, bevor sie der König zur Frau nahm, zweimal das Leben gerettet. Als Lohn dafür hat sie ihm ihr erstes Kind versprochen. Das kleine Männlein träumt: «Etwas Lebendiges ist mir lieber als alle Schätze der Welt.» Als die Königin ihm nach einem Jahr das versprochene Kind durch eine List vorenthält, verwandelt sich das gutartige Rumpelstilzchen in einen zornigen Zwerg, der sich aus Wut selber zerstört. Ein wirklich böser Zwerg tritt im Märchen «Schneeweißchen und Rosenrot» auf. «Die drei Männlein im Walde» sind ein Beispiel für Gnome, die in der Winterzeit im Bereich der Erde, in den Wurzelschichten und in ihren Höhlen arbeiten. Sie bereiten im Verborgenen das Wachstum der Pflanzen für den Frühling und den Sommer vor. In diesem Märchen sind die Walderdbeeren, die im Schnee auftauchen, ein Ausdruck dieser winterlichen Schaffenskraft der Zwerge.

Paracelsus, der berühmte Arzt des 15. Jahrhunderts und Erneuerer der Medizin, beschäftigte sich in seiner Arbeit auch mit den Elementarwesen. Riesen, Zwerge, Luft-, Wasser- und Erdgeister gehörten für ihn zu den Grundwahrheiten einer geistig-göttlichen Welt. Er warnte:

«Wer die Elementarwesen als kindlichen Aberglauben abtut, zerstört die Welt, vergiftet die Elemente, zerschlägt die Lebensgemeinschaft zwischen Mensch und Natur. Eines Tages können sich die Elementarwesen, die ein Teil von uns sind, an den Menschen für ihre Untreue rächen.» Paracelsus hatte mit seiner Warnung recht. Die ausgebeutete Natur rächt sich mit Versteppung, Waldsterben, Überschwemmungen und Klimaerwärmung. Die Naturwesen haben sich aus den Städten zurückgezogen. Sie meiden Autobahnen, Rummelplätze und überhaupt alle lauten und hektischen Orte. Sie lieben einsame Gegenden, unberührte Wälder, Berglandschaften, Felsen-Findlinge und Bergsturzgebiete. Rudolf Steiner sagt: «Überall da, wo sich verschiedene Naturreiche berühren, ist Gelegenheit gegeben, daß sich bestimmte Wesenheiten offenbaren.» Das heißt überall da, wo sich Wasser, Erde, Luft und Feuer auf natürliche Weise treffen, können wir am ehesten Naturwesen begegnen.

Hellsichtige Menschen, die Zwerge, Elfen und Feen sehen können, sagen, Naturwesen brauchen als Nahrung die Liebe der Menschen und deren spirituelle Gedanken. Sie verschwinden, wenn der Glaube an die unsichtbare Welt und an das Göttliche beim Menschen nicht mehr da sind. Darum haben so viele Erwachsene keinen Zugang mehr zum Reich der Naturwesen. Der englische Schriftsteller Ivon Cooke erklärt dieses Phänomen so: «Die Welt der Feen und Naturgeister ist eine ätherische Welt. Auch wir Menschen haben ätherische Körper und sind daher Teil dieser ätherischen Welt. Wären wir nicht durch unseren materiellen Leib begrenzt, würden wir die Naturgeister sehen und hören und wären von ihrer Existenz überzeugt.» Kinder lieben das Unsichtbare hinter den Dingen. Darum steht ihnen das Tor zum Zwergen-, Elfen- und Feenreich weit offen. Hier ein Beispiel aus der heutigen Zeit: Ursula Burkhardt, eine blinde Schriftstellerin aus Basel, hatte einem sechsjährigen Jungen eine selbstgemachte Wachsfigur geschenkt, die ein Wichtelmännlein aus dem Moor bei Todtmoos darstellte. Der Knabe sprach oft mit dem Gnom und erklärte einmal seiner Mutter: «Weißt du, das ist nur eine Figur. Der richtige Zwerg ist da drinnen, den sehen wir nicht.»

Spielanregungen:

Wie und wo können wir Zwerge treffen?
Stellt euch vor, wir spazieren an einem hellen Sommernachmittag durch den Wald. Der Waldweg ist von Sonnenstrahlen durchlichtet. Auf beiden Seiten gibt es Gebüsche und Farnkräuter. Wir schauen geradeaus, ohne genau zu beobachten und atmen mit Genuß die frische Waldluft ein. Wir spüren, daß wir beobachtet werden. Vögel und eine Schar Kleintiere begucken uns ängstlich von der Seite. Ihre Scheu ist begründet. Denken wir nur an die vielen Artgenossen, die von den Menschen gejagt oder sogar ausgerottet wurden. Solange wir uns nicht hastig bewegen, laut sprechen und nicht direkt hinsehen, bleiben sie in unserer Nähe.

Genauso ist es mit allen Naturwesen. Feen, Elfen und Zwerge zeigen sich nur, wenn wir nicht bewußt nach ihnen spähen, sonst verschwinden sie. Wir müssen sie mit einer Art «hellsehendem Blick» erahnen. Naturwesen sprechen nicht wie wir. Sie vermitteln uns ihre Gedanken und Gefühle ohne Worte. Wir haben plötzlich einen Geistesblitz und wissen dann, das war der Zwerg oder die Elfe, die uns das sagen wollte. Sie zeigen sich nur Menschen, die naturliebend sind.

Zwergenpirsch auf Großmutterart
Meine Großmutter sagte immer: In der Stunde vor Sonnenaufgang, zur Mittagszeit, in der Abenddämmerung und um Mitternacht kann man am ehesten Zwerge antreffen. Ein guter Trick dabei ist, seinen Kopf so vornüber zu beugen, daß man zwischen den eigenen Beinen durchblicken kann. Aus diesem «Verkehrte-Welt-Blickwinkel» schauen wir zu einem Hügel, einer Höhle, einem hohlen Baum oder auf Moos. Vielleicht haben wir Glück und können unerwartet ins Zwergenreich schauen.

Für Großmutters zweiten Tip müssen wir einen vom Wasser ausgehöhlten Stein suchen. Dieses Loch benutzen wir nun wie eine Lupe oder einen Zwergenfeldstecher. Wir suchen mit unserem Zauberinstrument sorgfältig passende Orte ab, in der Hoffnung, Zwerge, Wichtelmännchen oder Gnome zu sichten.

Die Wichtelmänner

Ein Märchen der Brüder Grimm

Wissenswertes für die Erzählerin und den Erzähler: Die Wichtelmänner sind ein schönes Beispiel dafür, wie man früher das Wirken der Zwerge verstanden hat. Das kleine Volk wurde meistens als hilfsbereit geschildert. Die Wichtel setzten sich ein für Menschen in Not. Sie arbeiteten im Verborgenen und schätzten keine Zuschauer. Wenn sie sich beobachtet fühlten, gingen sie fort und verschwanden auf Nimmerwiedersehen.

Es war ein Schuster ohne seine Schuld so arm geworden, daß ihm endlich nichts mehr übrigblieb als Leder zu einem einzigen Paar Schuhe. Nun schnitt er am Abend die Schuhe zu, die wollte er den nächsten Morgen in Arbeit nehmen. Weil er ein gutes Gewissen hatte, so legte er sich ruhig zu Bett, befahl sich dem lieben Gott und schlief ein. Morgens, nachdem er sein Gebet verrichtet hatte und sich zur Arbeit niedersetzen wollte, so standen die beiden Schuhe ganz fertig auf seinem Tisch. Er verwunderte sich und wußte nicht, was er dazu sagen sollte. Er nahm die Schuhe in die Hand, um sie näher zu betrachten: sie waren so sauber gearbeitet, daß kein Stich daran falsch war, gerade als wenn es ein Meisterstück sein sollte. Bald darauf trat auch schon ein Käufer ein, und weil ihm die Schuhe so gut gefielen, so bezahlte er mehr als gewöhnlich dafür, und der Schuster konnte von dem Geld Leder zu zwei Paar Schuhen erhandeln. Er schnitt sie abends zu und wollte den nächsten Morgen mit frischem Mut an die Arbeit gehen, aber er brauchte es nicht, denn als er aufstand, waren sie schon fertig, und es blieben auch nicht die Käufer aus, die ihm so viel Geld gaben, daß er Leder zu vier Paar Schuhen einkaufen konnte.

Er fand frühmorgens auch die vier Paar fertig; und so ging's immer fort; was er abends zuschnitt, das war am Morgen verarbeitet, also daß er bald wieder sein ehrliches Auskommen hatte und endlich ein wohlhabender Mann ward. Nun geschah es eines Abends nicht lange vor Weihnachten, als der Mann wieder zugeschnitten hatte, daß er vor dem Schlafengehen zu seiner Frau sprach: «Wie wär's, wenn wir diese

Nacht aufblieben, um zu sehen, wer uns solche hilfreiche Hand leistet?» Die Frau war's zufrieden und steckte ein Licht an: darauf verbargen sie sich in den Stubenecken, hinter den Kleidern, die da aufgehängt waren, und gaben acht. Als es Mitternacht war, da kamen zwei kleine niedliche nackte Männlein, setzten sich vor des Schusters Tisch, nahmen alle zugeschnittene Arbeit zu sich und fingen an, mit ihren Fingerlein so behend und schnell zu stechen, zu nähen, zu klopfen, daß der Schuster vor Verwunderung die Augen nicht abwenden konnte. Sie ließen nicht nach, bis alles zu Ende gebracht war und fertig auf dem Tische stand, dann sprangen sie schnell fort.

Am andern Morgen sprach die Frau: «Die kleinen Männer haben uns reich gemacht, wir müßten uns doch dankbar dafür bezeigen. Sie laufen so herum, haben nichts am Leib und müssen frieren. Weißt du was? Ich will Hemdlein, Rock, Wams und Höslein für sie nähen, auch jedem ein Paar Strümpfe stricken; mach du jedem ein Paar Schühlein dazu.» Der Mann sprach: «Das bin ich wohl zufrieden», und abends, wie sie alles fertig hatten, legten sie die Geschenke statt der zugeschnittenen Arbeit zusammen auf den Tisch und versteckten sich dann, um mit anzusehen, wie sich die Männlein dazu anstellen würden. Um Mitternacht kamen sie herangesprungen und wollten sich gleich an die Arbeit machen; als sie aber kein zugeschnittenes Leder, sondern die niedlichen Kleidungsstücke fanden, verwunderten sie sich erst, dann aber bezeigten sie eine gewaltige Freude. Mit der größten Geschwindigkeit zogen sie sich an, strichen die schönen Kleider am Leib und sangen:

«Sind wir nicht Knaben glatt und fein?
Was sollen wir länger Schuster sein!»

Dann hüpften und tanzten sie und sprangen über Stühle und Bänke. Endlich tanzten sie zur Türe hinaus. Von nun an kamen sie nicht wieder, dem Schuster aber ging es wohl, solang er lebte, und es glückte ihm alles, was er unternahm.

Spielanregungen: Wir wichteln

Das Wichteln paßt besonders gut in die Adventszeit. Die Wichtelmännchen arbeiten nachts. Im Winter sind die Nächte lang und die Wichtel haben viel Zeit, um den Menschen Überraschungen, Geschenke und kleine Freuden zu machen. Wir schreiben die Namen aller Familienmitglieder auf Zettel, falten diese zusammen und legen sie in einen Hut. Sind Kinder dabei, die noch nicht lesen können, zeichnen wir für alle ein Symbol: für Vater etwa eine Brille oder ein Auto, für Mutter eine Pfanne oder ein Lieblingsbuch, und für die Kinder Lieblingstiere oder Spielsachen. Jeder Wichtel darf sich am letzten Tag im November einen Zettel ziehen. Als Eltern steuern wir das ganze ein wenig, damit kein Kind seinen eigenen Zettel zieht. Der Wichtel hat nun sein Geheimnis. Er behält den Namen für sich. Er wird dem Familienmitglied, das auf dem Zettel steht, bis Weihnachten täglich eine kleine Überraschung «wichteln». Sie werden staunen, wie viel Phantasie Wichtel entwickeln, um heimlich zu helfen und Überraschungen zu machen. Die Überraschungen liegen meistens neben den Tellern auf dem Tisch, unter den Kopfkissen oder in den Schuhen:

- *Der Frühstückstisch wird heimlich gedeckt.*
- *Vielleicht zeichnet ein Wichtel Tischkarten.*
- *Ein anderer stellt die Schuhe in eine Reihe.*
- *Ein Wichtel füttert die Katze.*
- *Einer hängt immer die Windjacken auf.*
- *Manche wichteln Scherenschnitte.*
- *Auch Faltarbeiten aus Papier zählen zu den Überraschungen.*
- *Manchmal verstecken Wichtel kleine Geschenkpakete.*
- *Oft räumen Wichtel das Kinderzimmer auf.*
- *Selbstverständlich wichteln auch Erwachsene bis Weihnachten für ihre Person auf dem Zettel.*
- *Am Weihnachtsabend wird das Wichtelgeheimnis gelüftet.*

Zum Abschluß des Tages

Kleine Kinder haben oft Mühe mit dem Einschlafen. Sie wachen nachts auf und haben Träume, weil sie die Tageseindrücke nicht verarbeiten können. Es ist gut für die Kinder, wenn wir mit ihnen gemeinsam die Tageserlebnisse durchgehen und zwar rückwärts, vom Abend bis zum Morgen. Zehn Minuten genügen. Dabei kann uns der Troll eine große Hilfe sein. Der Troll ist ein kleiner Hauszwerg. Er ist vor allem in den nordischen Ländern bekannt und ist so etwas wie ein guter Hausgeist. Er wird sehr, sehr alt. Er kann hundert Jahre auf demselben Bauernhof leben. Seine Aufgabe ist es, mit großer Liebe Tiere, Menschen, Haus und Stall zu bewachen und zu behüten.

Wir spielen mit den Kindern jeden Abend vor dem Einschlafen Troll und erfinden spontan einfache Trollgeschichten. Unser Troll sieht alles, hört alles, spürt alles, riecht alles... Wir begleiten unsere Kleinen mit dieser Phantasiefigur rückwärts durch den Tag. Der Zwerg besucht zum Beispiel die Spielsachen im Kinderzimmer. Er fragt sie, wie es ihnen geht.

- *Kleiner Bär, liegst du gut im Bettchen?*
- *Spielautos, steht ihr alle in der Garage?*
- *Freust du dich auf die Nacht, Puppenküche?*
- *Die Kinder erzählen dem Troll, was sie während des Tages erlebt haben.*
- *Der Troll singt ein Gutenachtlied und wünscht schöne Träume.*

Gestrickte Zwerge

Diese weichen, gestrickten Zwerge verwandeln sich mit Vorliebe in kleine Trolls. Sie eignen sich sehr gut zum Spielen. Sie lassen sich herzen, im Hosensack rumtragen und sind gute Schlafgefährten. Einem Spieltroll kann man alles erzählen.

Wir brauchen:
Verschiedenfarbige Sockenwolle, vier Stricknadeln, Wollnadel, Stopfmaterial, Pelzreste für die Haare.

So wird's gemacht:
Die Zwerge mit dünnen Stricknadeln anfertigen, sonst drückt am Schluß die Stopfwatte durch. Wir beginnen mit den Beinen. Sie werden offen gestrickt, zweimal. Für jedes Bein 16 Maschen anschlagen und fünf Rippen hoch stricken. Jetzt sind die «Zwergenhosen» fertig.

Für den «Pullover» wird eine neue Farbe eingestrickt, und das vier Rippen hoch. Nun verteilen wir alle Maschen auf drei Nadeln und beginnen mit einer anderen Farbe den

Kopf zu stricken, 15 Runden nur rechte Maschen. Mit einem Zweierabnehmen beenden. Am Schluß alle Maschen mit einer Wollnadel zusammenziehen und gut vernähen.

Beine zusammennähen, ausstopfen und am Rücken die Körpernähte schließen.

Für die Arme schlagen wir mit derselben Wolle wie beim «Pullover» je 16 Maschen an. Wir stricken für jeden Arm 16 Rippen hoch. Arme in die Hälfte legen, zusammennähen, ausstopfen und am Körper festnähen.

Die Zwergenmütze wird rund gestrickt, mit der gleichen Farbe wie «Pullover» und Arme. 32 Maschen anschlagen, verteilt auf drei Nadeln. Drei Runden, eine Masche rechts, eine Maschine links stricken. Dann 15 «rechte» Runden weiterstricken. Mit dem Vierer-Abnehmen die Zwergenmütze beenden. Faden vernähen und Quaste einknüpfen.

Nun sticken wir dem Zwerg ein Gesicht auf, nähen etwas Pelz als Haare an und befestigen die Mütze mit kleinen Stichen am Kopf.

Das Zwergenreich
auf der anderen Seite
der Welt

Wissenswertes für die Erzählerin und den Erzähler: In dieser vierteiligen Geschichte wird deutlich, daß die Zwerge nicht bloß Gestalten einer Märchenwelt sind, sondern daß sie sowohl als Materie als auch in einer geistigen Dimension für die Erde und ihre Geschöpfe eine wichtige Bedeutung haben. Das kleine Volk arbeitet nicht nur für die Menschen, sondern auch für Mineralien, Pflanzen und Tiere. Diese Geschichten lassen sich ideal dem Alter und Auffassungsvermögen der Kinder anpassen. Der Erzähler kann sie nach Bedarf straffen, ausweiten oder einzeln erzählen. Kleinen Kindern zeigt der Zwerg Hieronimus immer nur einen Teil seines Reiches: «Die Sonne in der Erdmitte», «Die Zwergenschule», «Die Kristallhöhle» oder «Die sieben Mütter des Bergkristalls». Die Geschichten lassen viel Spielraum zum eigenen Fabulieren und Mitspielen. Durch geschicktes Fragen beziehen wir die Kinder mit ein.

Für dieses Buch habe ich ein kleines Mädchen namens Su erfunden. Su kennt das Kind, das in jedem von uns wohnt. Sie kann staunen, ist neugierig und voller Humor. Ihr Vater hat ihr einmal von einer Reise als Geschenk einen kleinen Teppich mitgebracht. Es ist ein Zauberteppich. Er fliegt mit Su über die ganze Welt. Sie besuchen zusammen die unsichtbaren Freunde im Märchenland.

Die Sonne in der Erdmitte

Su setzt sich auf ihren Teppich und murmelt: «Liebes Bärenfell, fliege, fliege, fliege!» Ob ihr es glaubt oder nicht: Das Bärenfell fliegt heute mit Su ans andere Ende der Welt und landet in Neuseeland in einer Bucht am Meer. Sieben große Bäume stehen da. Sie sehen aus wie Föhren. Daneben fließt ein kleiner Bach ins Meer. Grüne Binsenbüschel säumen den Wasserlauf. Su setzt sich auf einen großen Wurzelstamm. Der Wind rauscht in den Baumkronen. Reiher fliegen über das Wasser. Der Strand ist voll weißer Muscheln. Unter den Wurzeln der Föhren sind viele kleine Höhlen. Su schaut verträumt auf das

Wasser in der Bucht. Sonnenstrahlen tanzen auf den Wellen. Su fühlt sich schläfrig und wohlig warm.

Plötzlich hüpft seitlich aus einer Wurzelhöhle ein Zwerg heraus. Er trägt eine rote Mütze. Er springt zu der verblüfften Su und dreht ihr wie ein Wirbelwind eine Kurbel am Bauch. Su sieht einen roten Punkt, der durch die Drehbewegung des Zwerges immer größer und größer wird. Nun ist er so groß wie eine Radscheibe, und Su sitzt in einer rosaroten Wolke. Der Zwerg reicht ihr die Hand, und wups, befinden sich beide unter der Erde. Das kleine Männchen stellt sich vor: «Ich bin der Zwerg Hieronimus und will dir unser Reich zeigen!» Er führt die staunende Su durch winklige Gänge immer tiefer und tiefer in die Erde hinein. Plötzlich weitet sich der Gang zu einer großen Höhle aus. Der kugelrunde Hohlraum liegt genau im Mittelpunkt der Erde. Es ist sehr heiß. Hier in der Erdmitte wohnt die große, rote Sonne. Hieronimus verrät Su: «Das ist unsere Sonne, die Sonne des kleinen Volkes. Sie ist der Kraftpunkt der Erde. Sie hält mit ihren Strahlen die Erdkugel zusammen und alles, was darauf ist: die Berge, die Ozeane, die Menschen, die Tiere und die Bäume. Sie bewirkt, daß jedes Ding sein Gewicht hat. Die Kraft der roten Sonne in der Erde zieht alles, was man in die Luft wirft, auf den Boden zurück.» Su will es selber ausprobieren. Sie springt in die Höhe, und schon steht sie wieder auf dem Höhlenboden. Die Sonne in der Erdmitte hat das hüpfende Mädchen blitzschnell aus der Luft zurückgeholt.

Für diese und andere Aufgaben hat die große, rote Sonne im Innern der Erde viele fleißige Helfer:

Magnetzwerge

Die Magnetzwerge helfen bei dieser Arbeit. Das Hufeisen ist ihr Werkzeug. Seine Magnetkraft hält alles fest.

Feuerzwerge

Nicht weit davon sieht Su die Feuerzwerge emsig hin und her huschen. Sie schaufeln Kohle in den großen Ofen, damit die Lava im Erdinnern immer glühend rot und flüssig bleibt. Die Lava zischt und dampft und brodelt vor sich hin wie ein dicker, kochender Brei. Hieronimus erzählt Su: «Wenn du später einmal einen Vulkan siehst, der glühende Lava spuckt, kannst du sicher sein, daß die Feuerzwerge im Innern der Berge an der Arbeit sind!»

Wächterzwerge

In der Nachbarhöhle bewachen die Wächterzwerge den feuerspeienden Drachen. Er ist ein Riesenungetüm mit Schuppen und Stacheln. Wenn er sich windet und brüllt, spüren die Menschen auf der Erde, wie der Boden bebt. Die Wächterzwerge halten den bösen Drachen gefangen. Alles Brüllen, Schnauben und Stampfen nützt ihm nichts. Sein Gefängnis bleibt fest und sicher verschlossen. «Da bin ich aber froh», flüstert Su. «Ich möchte nicht von diesem Ungeheuer gefressen werden.»

Metallzwerge

Einen Stock höher arbeiten die Metallzwerge. Sie klopfen, graben und pressen Gold und Silber in die Adern der Erde. Die Silberzwerge haben blaßblaue Gesichter, die rund sind wie der Mond. Die Goldzwerge hingegen strahlen am Kopf und an den Händen wie kleine Sonnen.

Hieronimus faßt Su an der Hand: «Komm ich will dir jetzt noch die Zwergenschule zeigen! Hier geht's lang!» Zusammen klettern sie über kleine, verwinkelte Treppen hoch zur Zwergenschule.

Spielanregungen:

- *Wer malt ein Bild von der roten Sonne in der Mitte der Erde?*
- *Wer zeichnet den feuerspeienden Drachen?*
- *Wer kann so laut brüllen wie das große Ungetüm?*
- *Wir lassen die Kinder mit einem Magnet experimentieren.*
- *Wir spielen Metallzwerge, die Silber und Gold graben.*
- *Wer möchte im Rollenspiel Hieronimus sein, und wer möchte Su spielen?*

In der Zwergenschule

Oben angekommen führt Hieronimus Su als erstes in die Eingangshalle der Zwergenschule. Zu Sus Verwunderung hängt eine große Landkarte an der Wand. «Was ist denn das?» fragt sie. Hieronimus lacht und zeigt mit einem kleinen Stock auf die Karte: «Das ist eine Zwergenlandkarte. Schau, hier kann man ablesen, wo es noch Zwerge gibt auf dieser Welt. Siehst du, hier ist zum Beispiel Schottland eingezeichnet und Irland. Auf diesen beiden Inseln leben viele von uns. Weil wir so klein sind, nennen wir uns das Kleine Volk. Ein Zwerg ist etwa 30 bis 40 cm groß. Die Winzlinge sind jedoch nur so groß wie dein Daumen. Siehst du, auch hier in Neuseeland und in Südamerika gibt es noch viele Naturwesen. Und schau, auch in Europa, in den Berggegenden, leben noch viele von uns. Das sind Länder, wo die Menschen noch mit uns sprechen und an uns glauben. Dort leben wir gerne und zeigen uns manchmal sogar den Leuten.»

Eine Glocke klingelt. Jetzt trippeln viele Zwerge in den Raum. Sie kichern und bestaunen den Gast neugierig. Su fragt Hieronimus: «Warum sehen die so verschieden aus?» Hieronimus strahlt: «Ja weißt du, wir können unser Aussehen verändern. Wir lieben die Menschen so sehr, daß wir sie nicht erschrecken wollen. Ein Zwerg, der bei den Eskimos lebt, sieht aus wie ein Eskimo, ein Zwerg, der in Indien lebt, sieht aus wie ein Inder, einer, der in China lebt, sieht aus wie ein Chinese und ein Zwerg, der in Europa lebt, der sieht eben aus wie du.»

Su fragt ihn: «Warum müßt ihr in die Schule gehen, was lernt ihr da?» Hieronimus erklärt ihr: «Der Zwergenkönig hat diese Schule eingerichtet. Er will, daß wir alle gute Arbeit leisten. Weißt du, wir haben ganz verschiedene Aufgaben zu erfüllen. Für jeden Zwergenberuf gibt es hier ein eigenes Schulzimmer. Damit alle Schüler wissen, wohin sie gehen müssen, sind die Räume angeschrieben. Über dem Eingang steht etwa: «Wurzelzwerge», «Wettergnome», «Maschinenzwerge», «Spielwichtel» oder «Kräutermännchen».

Wurzelzwerge

Als erste führen die Wurzelzwerge Su in ihren Raum. Sie sehen alle knorrig und wurzelig aus. Sie studieren hier die Wurzel-Putz-Kunst. Sie arbeiten an den Wurzeln der Bäume. Sie putzen und schaben dicke und dünne Wurzeln, damit diese das Wasser gut aufsaugen können. Sie zeigen Su stolz ihre kleinen Bürsten und Kessel, die sie zum Putzen brauchen.

Grüngnome

Die Grüngnome im Zimmer daneben lernen in der Schule, wie man die Pflanzen aus der Erde schiebt. Sie haben die Aufgabe, den Pflanzen beim Wachsen zu helfen. Hieronimus verrät Su: «Wenn du das Gras auf den Wiesen genau beobachtest, kannst du im Frühjahr feststellen, wann die Grüngnome arbeiten. Jedesmal wenn das Gras grün glitzert, ist unter der Erde Hochbetrieb. Die Grüngnome schieben und stoßen. Wenn du den Atem anhältst, kannst du fast zuschauen, wie die Grashalme wachsen.»

Wettergnome

Im Schulzimmer der Wettergnome ist es naß und kalt. Sie sehen alle aus wie Eiszapfen, durchsichtig und gläsern. Sie hüpfen von einem Fuß auf den andern und reiben sich die Hände. Beim Reiben drehen sie Hagelkörner, das halbe Zimmer ist schon voll davon. Wenn die Wettergnome in die Hände klatschen, entstehen Schneeflocken. «Ei wie schön wirbeln die Schneesterne im Zimmer herum!» ruft Su entzückt. Ein Wettergnom schenkt Su einen Schneestern. Er meint: «Du darfst ihn behalten, bis er sich in Wasser verwandelt. Wir müssen immer einen großen Vorrat an Hagelkörnern und Schneesternen bereithalten. Frau Wetter holt sich das Nötige, wenn sie es braucht.»

Spielwichtel

Bei den Spielwichteln geht es zu wie auf einem Spielplatz oder in einem Zirkus. Sie tragen bunte Harlekins-Kleider. Sie drängen sich um Su und wollen alle etwas vorführen: einen Purzelbaum, einen Handstand, den Schneidersitz. Sie spielen mit Su Verstecken, sie hüpfen, fangen, singen und wichteln. Der kleinste Wichtel springt Su auf die Schulter und erzählt: «Wir lernen hier spielen und wichteln, damit wir kleinen Kindern und jungen Tieren Freude machen können. Manchmal macht es uns auch Spaß, sie einfach nur zu necken.»

Kräutermännchen

Die Kräutermännchen eilen mit ihren kofferartigen Taschen herbei. Die Männchen sehen alt und weise aus. Sie legen ihr Sammelgut aus, das sie im Wald und auf der Wiese gefunden haben. Ihre Schätze müssen so bald wie möglich trocknen. Ihre Kostbarkeiten werden dann zu Tee, Salben und Medikamenten verarbeitet. Herrliche Düfte erfüllen die Luft. Was es da alles zu bestaunen gibt: Rinden, Triebe von Tannenspitzen, Blätter von Stauden und Bäumen, Blüten, Wurzeln, Kräuter, Früchte und Samen. An den Wänden stehen in Regalen alte Bücher mit Rezepten, Flaschen, Gläser, Tassen, Löffel und Dosen. Das Studium der Kräutermännchen dauert am längsten. Sie werden vom kleinen Volk als Walddoktoren sehr geschätzt. Sie haben gegen jede Krankheit ein Heilmittel. Sie pflegen nicht nur Zwerge, Gnome und Wichtelmänner gesund, sie kümmern sich auch um die kranken Waldtiere.

Maschinenzwerge

Aus dem hintersten Schulzimmer sind sonderbare Töne zu hören. Es quietscht, scheppert, klingelt, klopft und pfeift. «Was ist denn hier los?» fragt sich Su und streckt den Kopf vorsichtig durch den Türspalt. Überall stehen Maschinen herum: Computer, Kopiergeräte, Radiowecker, Abwaschmaschinen, Rasenmäher, Küchengeräte und noch vieles mehr. Die Maschinenzwerge flitzen und klettern wie die Wilden auf und ab. Sie schlüpfen hinein und hinaus, verschieben Teile, lockern Schrauben, lösen Elektrokontakte und blockieren Getriebe. «Was um alles in der Welt ist denn eure Arbeit?» fragt Su die kichernden Maschinenzwerge. Sie quietschen fröhlich: «Wir sind der Sand im Getriebe der Maschinen. Unsere Aufgabe ist es, ihren normalen Ablauf zu stören. Die Menschen müssen wieder lernen, den Maschinen danke zu sagen für die Arbeit, die sie leisten, und das tun sie nur, wenn nicht alles am Schnürchen läuft.»

Steinmännchen

Im Zimmer der Steinmännchen ist ein großes Gedränge. Hieronimus erklärt Su: «Die größte Klasse bilden immer die Steinmännchen. Sie lernen, wie man Kristalle in die richtige Form klopft, Kieselsteine poliert und wie man verschiedene Steinarten pflanzt.»

Su bedankt sich bei den Zwergen, daß sie ihr so viel über ihre Arbeit erzählt haben. Sie freut sich über ihr neues Wissen und verläßt mit Hieronimus die Zwergenschule.

Spielanregungen:

- *Wer baut sich mit Schachteln eine Zwergenschule?*
- *Wer malt Spielwichtel, Wurzelzwerge oder Grüngnome?*
- *Auch die Schulzimmer der Wettergnome und Maschinenzwerge regen die Phantasie der kleinen Künstler an.*
- *Die Zwergenschule eignet sich fabelhaft für Rollenspiele.*
- *Die Kräutermännchen richten eine Apotheke und eine Arztpraxis ein.*
- *Die Spielwichtel turnen zirkusreif...*

Mooshäuschen für die Zwerge

Beim nächsten Ausflug in den Wald suchen wir uns Baumstrünke, in deren Wurzeln wir Mooshäuschen für die Zwerge bauen können. Wir sammeln Zweiglein, Blätter, Moos, Steine und Schneckenhäuser. Daraus bauen wir ein Zwergenreich. Aus Zweiglein und Blättern entstehen Hausdächer, Tische und Stühle. Das Moos verwenden wir für Teppiche, Betten und Polstermöbel. Mit den Steinen und den Schneckenhäuschen zäunen wir den Garten ein. Aus Tannenzapfen basteln wir Zwerge und Kühe oder Pferdchen.

Sie werden staunen, wieviel Phantasie Ihre Kinder entwickeln. Kinder können stundenlang mit Naturmaterial spielen.

Zwerge aus Wurzeln

Wir suchen im Wald knorrige Wurzeln und Äste, die ein bißchen aussehen wie ein Mensch oder wie ein Zwerg. Mit dem Taschenmesser können wir etwas nachhelfen, damit die Form deutlicher sichtbar wird. Für diese Wurzelmänner und Wurzelfrauen bauen wir Zwergenhäuser und Schlösser.

Das Zwergenreich im Kinderzimmer

Damit ein Zwergenreich im Kinderzimmer entsteht, brauchen die Kinder Tannenzapfen, Föhrenzapfen, Kieselsteine, verschiedene Holzteile wie Bretter, Baumscheiben und Zweiglein. Auch Tücher und Kristalle dürfen nicht fehlen. Als Zwerge verwenden sie Holzfigürchen mit Zipfelkappen oder gestrickte Zwerge. Wenn die Kinder ein solches Zwergenreich aufbauen, mit Wald und Höhle und Wiese, sollten sie es mehrere Tage stehen lassen können. Dieses Kleine-Welt-Spiel entwickelt sich besser über einen längeren Zeitraum.

Märchenbilder aus farbiger Wolle

Zur Anfertigung eine Wollbildes benötigen wir ein Stück Filz oder eine Wollstoffunterlage und farbige ungesponnene Wolle. Die ungesponnene Wolle hält auf der Unterlage, ohne geklebt oder genäht zu werden. Die Wolle wird in ganz kleinen dünnen Schichten aufgetragen. Wir legen den Stoff oder den Filz zum Arbeiten auf eine glatte, harte Unterlage. Dann nehmen wir ein Bäuschchen von der gewünschten Wolle und drücken es darauf fest. Diesen Vorgang des Auflegens, Andrückens und Ziehens wiederholen wir so oft, bis die Gestalten die gewünschte Form annehmen. Wir können jederzeit korrigieren. Wir nehmen ein bißchen Wolle weg oder legen sie wieder anders hin. Diese duftigen Wollgebilde mit ihren zarten Konturen entsprechen der phantasievollen Märchenwelt. Sie fördern die innere Vorstellungskraft der Kinder.

Wir modellieren Zwerge aus Ton

Nach dem Erzählen von Zwergengeschichten haben die Kinder viel Spaß am Modellieren. Wir geben ihnen einen Klumpen Ton. Wer formt mit geschlossenen Augen einen Zwerg? Wer modelliert den Baumelfenkönig? Wie wird ein Steinmännchen aus Ton geformt? Wir lassen die Tonfiguren ein paar Tage trocknen. Man kann sie noch bunt bemalen und lackieren.

In der Kristallhöhle

Hieronimus führt Su nun zur Kristallhöhle. Er sagt: «Die Kristallhöhle ist mein Lieblingsplatz. Der unterirdische Fluß führt uns zum Höhleneingang.» Er steigt mit Su in ein kleines Boot. Sie gleiten übers Wasser, an den Felswänden vorbei zur Grotte. Sie lassen das Boot am Ufer stehen und betreten eine Felsgrotte, die sich am Ende zu einer großen Höhle öffnet. Ein wunderbar blaues Licht durchflutet sie. An den Wänden schimmern Edelsteine und Kristalle in allen Regenbogenfarben. Su flüstert andächtig: «So etwas Schönes habe ich noch nie gesehen.»

Kristallmännchen

In der Mitte der Höhle steht ein riesengroßer Bergkristall. Ein durchsichtig strahlendes Kristallmännchen kommt auf Su zu und begrüßt sie: «Freut mich sehr, daß ich dich empfangen darf! Ich bin das Kristallmännchen. Ich sehe, du bewunderst unseren herrlichen Kristall. In seinem Innern wohnt der Zwergenkönig. Er ist sehr alt und will im Moment nicht gestört werden. Du kannst ihn heute nicht besuchen.» Dann fragt er Su: «Hast du gewußt, daß der Kristall den gleichen Namen hat wie das Christuskind? Kristall heißt ‹Christus im All›, und das All ist überall. Darum schauen wir Zwerge, daß überall auf der Welt in Höhlen und Felsspalten Kristalle wachsen. Wir polieren und schleifen sie mit viel Liebe, damit das Licht des Christuskindes auch durch die Kristalle in die Welt hineinstrahlen kann. Jeder Kristall ist ein Teil von Gottes Schöpfung. Unsere Aufgabe ist es, dem Bergkristall rundherum sechs Kanten zu klopfen und oben eine Spitze zu bauen. Wir freuen uns, wenn diese aussieht wie eine Krone oder wie das Dach eines Schlosses! Die schönste Arbeit am Kristall ist für uns das Regenbogenfarben-Einbrennen. Wir brennen mit kleinen Flammen die sieben Farben in den Kristall hinein. Die Farben sind: rot, orange, gelb, grün, hellblau, dunkelblau und violett. Wenn du den Kristall in die Sonne hältst, zeigen sich die Farben. Der Kristall sagt dir damit: ‹Ich hab dich lieb›.»

Das Kristallmännchen führt Su nun in einen andern Teil der Höhle zu seinen drei Brüdern. Sie heissen: Rauchquarz, Amethyst und Zitrin.

Das Zitrinmännchen

Das Zitrinmännchen hüpft quicklebendig auf Su zu und sagt: «Ich bin der Bruder des Bergkristalls. Ich trage ein gelbes Kleid. Schau, ich strahle wie die Sonne! In meinem Kristall ist das Sonnenlicht eingeschlossen. Ich helfe den Menschen, daß sie alle traurigen Gedanken loslassen können. Wenn du einen Zitrin in der Hosentasche mit dir herumträgst, dann hüpft dein Herz vor Freude und dein Gemüt wird sonnenklar! Ist das nicht eine gute Sache?»

Das Amethystmännchen

Majestätisch tritt der violette Amethyst vor und verbeugt sich tief vor seinem Gast: «Guten Tag, Su! Bin hocherfreut über deine Anwesenheit!» Das Amethystmännchen spricht langsam und mit tiefer Stimme, wie ein König. Es erzählt: «Die Indianer haben mich sehr verehrt. Ich war ihr heiliger Stein. Sie sagen noch heute von mir, wer

mich an einer Kette um den Hals trägt, den führe ich dorthin, wo er hingehört. Ich zeige dem Besitzer des Steines den Weg dorthin. Du kannst es ja einmal ausprobieren. Ich bin auch ein guter Schlafstein. Wenn du mich vor dem Einschlafen unter das Kopfkissen legst, hast du wunderbare Träume und schläfst ganz ruhig. Ich wirke gegen Kopfweh. Wenn du mich auf der Stirn hin und her reibst, zaubere ich das Kopfweh weg.»

Der Rauchquarzwicht

Jetzt ist das Rauchquarzmännchen an der Reihe. Sein Kristallkleid schimmert grau-schwarz. Es begrüßt Su und stellt sich vor: «Ich bin auch ein Geschwister vom Kristall. Ich wachse in den tiefen Höhlen der Berge. Der Rauchquarzkönig ist fast einen Meter groß und über hundert Kilogramm schwer. Hast du den Rauchquarzgroßvater dort drüben gesehen? Er ist so dick wie ein Baum. Er schläft viel und will seine Ruhe haben. Hier schenk ich dir einen kleinen Rauchquarz. Wenn du das nächstemal Bauchschmerzen hast, leg ihn auf den Bauch, und wups ist dein Bauchweh weg!»

Zum Abschluß dieser Vorstellungsrunde stellen sich das Bergkristallmännchen und seine Brüder mit Su und Hieronimus in einen Kreis und tanzen gemeinsam den Steinkreistanz.

Spielanregungen:

- *Wer zeichnet die Kristallhöhle und die Kristallmännchen?*
- *Wir geben den Kindern Kristalle und Halbedelsteine zum Musterlegen.*
- *Wir beobachten, wie die Sonne Regenbogenfarben in und durch die Kristalle zaubert.*

Eine Phantasiereise

Wissenswertes für die Erzählerin und den Erzähler: Phantasiereisen eignen sich für Kinder von fünf bis zehn Jahren. Sie helfen dem Kind, sich eine bestimmte Zeit auf etwas zu konzentrieren. Mit einer Phantasiereise trainiert es seine inneren, visionären Bilder. Das Kind liegt entspannt auf einer Decke am Boden. Wir setzen uns dazu. Wir sind still und haben die Augen geschlossen. Wir atmen tief ein und aus. Sagen Sie dem Kind, daß sie nun zusammen im Kopf eine Phantasiereise machen. Sie erzählen Schritt für Schritt. Das Kind muß nichts anderes tun, als zuhören und im Geiste mitgehen. Wir erzählen ihm in ruhigen, gleichmäßigen Worten folgende Phantasiegeschichte:

«Wir setzen uns auf das Bärenfell von Su und sprechen die magischen Worte: ‹Liebes Bärenfell, fliege, fliege, fliege!› Wir fühlen, wie sich das Bärenfell in die Luft schwingt, und wie uns der Wind um die Ohren pfeift. Das Bärenfell landet sanft am anderen Ende der Welt, in einer Bucht am Meer. Wir hören den Wind in den Kronen der sieben Bäume rauschen und spüren die weißen Muscheln unter unseren Füßen. Die Sonne scheint uns warm ins Gesicht. Wir lauschen dem Lied der Wellen.

Plötzlich steht Hieronimus, der Zwerg mit der roten Mütze, vor uns. Er dreht uns eine Kurbel am Bauch. Ein orangerotes Licht wird größer und größer. Wir tauchen ganz in dieses Licht ein. Wups sind wir im Erdinnern. Wir gehen durch einen langen, dunklen Höhlengang. Hieronimus gibt uns eine Zwergenlaterne in die Hand. Ihr Licht fällt auf die Wände der Höhle. Überall glitzert und glänzt es von Edelsteinen und Kristallen. Die Höhle wird größer und größer, sie wirkt wie ein Kirchendom. In der Mitte steht ein riesengroßer Kristall. Viele Zwerge putzen ihn von oben bis unten, damit er strahlt.

Nun kommen sie alle vom Kristall herunter und stellen sich im Kreise darum herum auf. Wir schauen uns den Kristall genau an. Welche Farbe hat er? Welche Fom? Wir entdecken eine kleine Tür im Kristall. Sie öffnet sich, und wir dürfen hineingehen. Wir spüren den Kristall rund um uns herum. Die Spitze oben leuchtet wie eine Krone über unserem Kopf. Wir atmen tief und ruhig seine Kristallkraft ein und aus. Wir hören leise Kristallmusik. Nun erscheint der Kristallkönig und überreicht uns einen Stein. Wir halten ihn in unseren Händen und schauen ihn genau an: Was hat er für eine Farbe? Was hat er für eine Form? Wir bedanken uns beim Kristallkönig für das wertvolle Geschenk. Langsam steigen wir wieder aus dem Kristall hinaus und schließen die kleine Pforte. Die Kristallputzerzwerge begleiten uns mit Hieronimus zum Ausgang der Höhle. Wir bedanken uns für die Führung und den geschenkten Stein. Wir gehen in die Bucht zu den Bäumen, setzen uns aufs Bärenfell und sagen: ‹Liebes Bärenfell, fliege, fliege, fliege!› Und fliegen über den Ozean zurück, bis ans andere Ende der Welt, wo wir wohnen.»

Wissenswertes für die Erzählerin und den Erzähler: Am Ende einer Phantasiereise ist es immer wichtig, daß wir die kleinen Zuhörer sanft in die Wirklichkeit zurückbringen. Das geschieht am besten durch sanftes Bewegen des Körpers. Wir sagen: «Langsam bewegst du deine Zehen, Füße und Beine, die Finger und die Arme. Dann streckst du dich genüßlich. Jetzt reibst du die Handflächen gegeneinander und wäschst dir damit sanft das Gesicht. Öffne die Augen und setze sich vorsichtig auf.»

Anschließend kann das Kind, wenn es will, berichten, was es erlebt hat während der Phantasiereise. Vielleicht will es nicht darüber sprechen, sondern die Reise lieber zeichnen.

Die sieben Mütter des Bergkristalls

Das Kristallmännchen und seine drei Brüder führen Su nun zu ihren sieben Müttern. Die Steinmütter wohnen am Ende der Kristallhöhle. Hieronimus ist auch dabei. Er erzählt Su: «Schau, hier stehen die Mütter des Bergkristalls. Der Bergkristall hat nicht nur eine Mutter, wie die Menschenkinder, er hat sieben! Die Kristallmütter heißen: Achat, Onyx, Jaspis, Karneol, Tigerauge, Rosenquarz und Opal.» Su staunt nicht schlecht: Sieben Mütter, wer hätte das gedacht!

Mutter Achat

Als erste stellt sich Mutter Achat vor: «Mein Name Achat stammt von einem Fluß auf der Insel Sizilien. Er heißt Achatis. Dort haben die Menschen mich das erstemal gefunden.» Mutter Achats Kleid glänzt in sehr vielen verschiedenen Farben, die von hell- bis dunkelbraun, beige, grau, graublau, rötlich, perlmuttern, weiß und schwarz wechseln. Sie sagt zu Su: «Weißt du, die Zwerge klopfen in meinen Stein wunderbare Muster. Sie malen Bilder in mein Steinkleid, die aussehen wie Landschaften, Sterne und Streifenmuster. Wenn sie mich in dünne Scheiben klopfen, bin ich durchsichtig und sehe aus wie ein Kirchenfenster. Wenn du mich in der Hand hältst, gebe ich dir das Gefühl von Geborgenheit. Ich beschütze alles wachsende Leben, auch Babys, die noch im Bauch der Mutter sind. Ich helfe euch Menschen, daß ihr das Lied der Mutter Erde hören könnt. Ich gebe euch Mut und Kraft.»

Mutter Onyx

Nun macht sich Mutter Onyx in ihrem dunklen Kleid bemerkbar: «Guten Tag Su. Ich bin ein schwarzer Stein. Hast du schon einmal ein aufgeschriebenes Lied gesehen? Die Töne stehen auf Notenlinien. Sie haben einen schwarzen Notenkopf und einen schwarzen Notenhals. Denk dir nun, ich bin voller Notenköpfe, voller Notenhälse und voller Töne. Wenn du mich in der Hand hältst, aufs Ohr oder auf den Kopf legst, helfe ich dir, daß du alle Töne der Welt hörst. Mit einem Onyx in der Hand hörst du die Geschichten besser, die man dir erzählt. Du kannst auch besser zuhören bei einem Gespräch. Wenn du Ohrenweh hast, helfe ich dir auch. Lege den Stein einfach aufs Ohr und der Schmerz verschwindet.»

Mutter Jaspis

Jetzt ist Mutter Jaspis an der Reihe. Sie begrüßt Su: «Hallo, ich bin Mutter Jaspis. Die Steinmännchen nennen mich auch die Mutter aller Steine. Ich trage verschiedene Gewänder. Ich liebe vor allem mein erdig rotbraunes Kleid, aber auch das grüne, mit den roten Tupfen, mag ich besonders gern. Wenn du mich oft in der Hand hältst, verfeinere ich deinen Geruchssinn. Deine Nase wird alle Gerüche viel intensiver wahrnehmen. Du wirst die Blumen, die Erde, die Bäume, die Tiere riechen, aber auch alles, was stinkt.»

Mutter Carneol

Mutter Carneol sagt zu Su: «Meine Farbe ist das leuchtende Orangerot. Ich besitze einen wunderschönen, durchscheinenden Glanz. Wenn du mich in der Hand hältst, verbinde ich dich mit der Schönheit der Erde und mit allem, was wächst. Ich fördere deine Konzentration und bringe dir das Staunen über die Wunder der Schöpfung zurück. Das Gefühl von wohliger Wärme durchrieselt dich, wenn du mich in der Hand hältst. Ich fühle mich wohl in deiner Hand. Ich fördere deinen Tastsinn. Deine Finger werden mehr und mehr fühlen und alles wahrnehmen. Deine ‹Fingeraugen› werden alles sehen und begreifen.»

Mutter Tigerauge

«Ich bin Mutter Tigerauge. Mein Kleid ist goldgelb und goldbraun gestreift. Wenn du mich hin und her bewegst, siehst du mein Wellenmuster. Es glänzt seidig und verändert sich immer wieder. Das Wellenmuster bewegt sich wie alles im Leben. Ich bin die Steinmutter der lebendigen Wärme. Wenn du mich auf deinen Bauch legst, fülle ich deinen ganzen Körper mit Wärme. Erkältungen gehen so schneller vorbei. Mit einem Tigerauge auf dem Bauch kannst du eine gute Phantasiereise machen. Ich lade dich ein, in deinen Märchenbrunnen hinabzusteigen. Geh immer weiter und tiefer hinein, bis du den Schatz der goldenen Fülle, der uns Wärme, Glück und Geborgenheit vermittelt, in deiner eigenen Mitte gefunden hast.»

Mutter Rosenquarz

«Liebe Su, ich bin die Mutter Rosenquarz. Ich habe ein riesengroßes Herz, das voller Liebe ist. Wo mein zart rosafarbenes Licht hinfällt, da wachsen Sanftheit, Zärtlichkeit und Liebe. Wer in meine Nähe kommt, den umhülle ich mit einem rosafarbenen Mantel. Ich öffne euch Menschen das Herz für alles Schöne. Ich helfe euch gemalte Bilder, geschriebene Geschichten und sanfte Musik besser zu verstehen. Wenn du mich in der Hand hältst oder in der Hosentasche herumträgst, verfliegt aller Zorn, alle Wut, alle Eifersucht. Du wirst ruhig und sanft.»

Mutter Opal

Zum Schluß stellt sich Mutter Opal vor: «Mein Name Opal heißt in der Sprache des alten Indien ‹Stein›. Das Besondere an mir ist, daß ich in allen Regenbogenfarben schillern kann. Wußtest du, daß jeder Opal auch immer etwas Wasser enthält?» Sie verspricht Su: «Falls du je in deinem Leben einen Opal als Schmuckstück trägst, werde ich dir einen Engel der Freude schicken. Du wirst ihn spüren, wenn er zu dir kommt.»

Damit sind Su und Hieronimus mit ihrem Rundgang durch die Zwergenhöhle am Ende. Su umarmt alle sieben Kristallmütter und verabschiedet sich von ihnen. Sie denkt: Zum Glück habe ich nur eine Mutter und muß zu Hause nur einmal auf Wiedersehen sagen. Hieronimus bringt Su mit dem Boot über den unterirdischen Fluß auf die Erde zurück zu den Bäumen am Meer in der Bucht. Su bedankt sich von Herzen bei Hieronimus für die wundervolle Führung durchs Zwergen- und Steinreich. Sie besteigt ihren Teppich und murmelt: «Liebes Bärenfell, fliege, fliege, fliege!» Und sie fliegt mit ihm zurück auf die andere Seite der Welt.

Spielanregung:

Nach dieser Geschichte sind die Kinder neugierig, diese Steine kennenzulernen. Wie sieht ein Achat, ein Onyx oder ein Jaspis aus? Vielleicht hat jemand einen dieser Steine als Schmuckstück? Lassen Sie Ihr Kind die Steine in einem entsprechenden Laden anschauen, in die Hände nehmen und die Unterschiede zwischen ihnen spüren.

Steinerlebnisse mit Kindern

Steine faszinieren Kinder sehr. Sie regen an zum Spielen und können, wie die nachfolgenden Beispiele zeigen, die im Kind verborgenen, eigenen Heilkräfte anregen. Alle drei Erlebnisse sind auch für kleine Zuhörer interessant. Vielleicht fühlen Ihre Kinder ebenfalls, daß Steine atmen, glitzern, Mut und Kraft geben.

Der Stein ist wie ein kleiner Frosch in meiner Hand

Ein Therapeut erzählte mir: «Es kam ein siebenjähriger Knabe zu mir, der oft große Wutausbrüche hatte und die andern Kinder plagte. Ich schenkte ihm einen Halbedelstein, der die Form eines kleinen Kiesels hatte. Ich erzählte ihm: ‹Schau, ich hab in diesem Kristall die Sonne eingeschlossen, darum ist er so strahlend gelb. Es ist ein Zauberstein, der dir immer hilft. Nimm ihn einmal in deine Hand und fühl, was du spürst.› Der Knabe nahm ihn in die Hand, schloß für einen Moment die Augen und atmete tief durch. Dann begann er zu strahlen und meinte: ‹Der Stein atmet in meiner Hand. Er fühlt sich an wie ein kleiner Frosch.› ‹Wunderbar›, war meine Antwort, ‹jetzt kannst du jedesmal, wenn du spürst, daß du wütend wirst, in deine Hosentasche greifen, den kleinen Frosch in die Hand nehmen und ihn fragen, ob das, was du im Moment tun willst, etwas Kluges oder etwas Dummes ist.› Der Frosch im Stein hat geholfen. Das Kind hat jedesmal, wenn es Unsinn machen wollte, nach seinem sprechenden Stein gegriffen und abgewartet, was er ihm sagen wollte. Dieses kurze Innehalten, Sichbewußtwerden, hat dem Kind geholfen, ruhiger, sanfter, offener und umgänglicher zu werden.»

Vom Glanz der Steine

Von einer Mutter hörte ich folgende Geschichte: «Meine Kinder sammelten auf jedem Spaziergang Steine. Zwischen fünf und acht Jahren waren sie immer ‹stein›-reich. Sie fanden ihre Schätze im Bachbett, auf Kieswegen und im Wald. Die Form und die Farbe jedes Steines faszinierte sie. Die Steine wurden liebevoll gerieben, gestreichelt und geprüft, ob sie gut in die Hand passen. Wenn wir nach Hause kamen, haben sie die Steine gewaschen und gebürstet. So konnten sie die Farbmuster besser erkennen. Dann ließen sie die Steine an der Sonne trocknen. Später rieben sie die Kieselsteine mit Olivenöl ein. So bekam jeder Stein seinen eigenen besonderen Glanz. Die Kinder legten mit den Steinen Muster. Ich erzählte ihnen, warum die Steine rund sind: ‹Die Steine kommen von den Bergen. Sie entstanden unter großer Hitze und enormem Druck. Gletscher haben sie ins Tal getragen und geschoben. Das Flußwasser rollte und schliff sie. Sonne, Hitze, Regen, Schnee, Kälte und Wind haben sie über Jahrtausende geformt.› Die Kinder waren tief beeindruckt. Sie rieben sich sanft einen Kieselstein an der Wange und flüsterten: O du mein steinalter Freund.»

Der Mutstein hat geholfen

Eine andere Mutter berichtete mir: «Meine Tochter hatte in der ersten Klasse auf dem Schulweg Angst vor einem Hund. Sie fürchtete sich auch vor größeren Schülern, die sie gerne neckten und bedrohten. Ich schenkte ihr einen Rhodonit. Er hatte wunderschöne Farben. Sein Altrosa mit schwarzen Flecken war mit einem Perlmuttglanz überzogen. Der Rhodonit wirkt als Mutstein. Meine Tochter trug ihn an einer Lederschnur um den Hals. Der Mutstein war ihr Geheimnis. Er gab ihr so viel Kraft, daß sie dem Hund nicht mehr ängstlich, sondern mutig in die Augen schaute. Das wirkte. Er bellte sie nicht mehr an. Der Mutstein bewirkte auch, daß sie sich nicht mehr von den größeren Schülern provozieren ließ. Ihre Sticheleien verschwanden, sie ließen die Kleine von da an in Ruhe. Der Mutstein hatte einen weiteren guten Nebeneffekt für meine Tochter. Er half ihr, Prüfungsängste zu überwinden.»

Spielanregungen:

Steine begreifen

Wir setzen uns mit den Kindern in einen Kreis.
In der Mitte steht ein Korb mit Kieselsteinen.
Jedes Kind darf sich einen Stein holen.
Der Stein ist ein Geschenk.
Wir setzen uns erwartungsvoll mit gestrecktem Rücken hin.
Wir fühlen uns wie ein König oder eine Königin.
Unsere Füße sind am Boden, und unsere Krone tragen wir im Himmel.
Wir öffnen unsere Hände wie eine Schale und legen den Stein hinein.
Wir schließen die Augen und befühlen nun den Stein.
Ist er warm oder kalt? Verändert er sich?
Wie ist seine Form? Wie ist sein Gewicht?
Wenn wir vertraut sind mit unserem Stein, öffnen wir die Augen und schauen ihn an.
Wir prägen uns seine Farben, seine Form und seine Größe ein.
Nun schließen wir die Augen und geben den Stein weiter.
Jedes Kind bekommt einen neuen Stein in die Hand.
Wir versuchen auch diesen neuen Stein zu «begreifen».
Wir spielen so lange, bis jedes Kind wieder seinen ersten Stein in der Hand hat.
Der Reihe nach erzählt jedes Kind, was es mit seinem Stein erlebt hat.

Ein Kristall in meiner Hand

Wissenswertes für die Erzählerin und den Erzähler: Trommelsteine sind Steine, die in einer Metalltrommel mit Sand, Metallteilchen und Wasser so lange gedreht werden, bis alle Ecken rund geschliffen sind. Man kann sie in Steinläden oder auf Märkten günstig kaufen. Außer Kristallen sind auch Rosenquarze, Zitrine und Amethysten in dieser Form erhältlich. Trommelsteine wirken lieblich und sanft. Sie eignen sich ausgezeichnet für Kinder. Ein naturgewachsener Kristall wirkt wegen seiner Kanten und Spitzen aggressiver. Wir geben jedem Kind einen Trommelstein-

Kristall in die Hand. Wir erzählen: «Jedes Kristallmännchen hat eine andere Sprache. Könnt ihr fühlen und verstehen, was der Stein euch erzählt?» Erwarten Sie nichts. Lassen Sie sich überraschen, was Kinder alles fühlen und spüren können.

Hier ein paar Aussagen von Kindern, wie Steine auf sie gewirkt haben:

«Mein Stein ist ganz heiß geworden.»
«Mein Kristall hat mich gepiekst. Ich spürte es bis zum Ellenbogen.»
«Mich hat es in der Nase und im Nacken gekitzelt.»
«Mein Stein bohrte ein Loch in die Hand.»
«Mein Kristall wurde wie Nebel.»
«Mein Kristall wurde warm, dann klopfte es in meinen Füßen.»

Die Steinmeditation beginnt:
Wir setzen uns erwartungsvoll mit gestrecktem Rücken hin.
Wir fühlen uns wie ein König oder eine Königin.
Unsere Füße sind am Boden, und die Krone tragen wir im Himmel.
Wir öffnen unsere Hände wie eine Schale und legen den Kristall hinein.
Er ist ein Geschenk von Mutter Erde.
Wir schließen die Augen.
Wir atmen etwa ein bis zwei Minuten ruhig und tief in die Hände.
Wir spüren, wie der Stein in der Hand liegt.
Wir beobachten, wie er sich anfühlt, und was mit uns passiert.
Wir öffnen die Augen und die Hände.
Wer will, darf erzählen, was er erlebt hat.

Der Rednerstein

Bei den Indianern ist es Brauch, daß man zu Besprechungen im Kreis sitzt. Der Redner hält einen Stein in der Hand, und solange er diesen Stein hält, darf nur er sprechen. Alle andern müssen zuhören. Wir suchen auf dem nächsten Spaziergang einen Rednerstein. Es sollte ein etwas besonderer Stein sein, handlich, nicht zu groß und nicht zu schwer. Wir waschen ihn und trocknen ihn an der Sonne. Mit wasserfestem Filzstift in Schwarz, Rot, Blau oder Gold malen wir geheimnisvolle Zeichen auf. Jedes Familienmitglied, jedes Kindergartenkind oder jeder Schüler einer Klasse schreibt ein Zeichen auf den Stein. Das kann ein Kreuz, ein Stern, ein Kreis, ein Punkt, eine Spirale, eine Sonne oder ein Mond sein. Vielleicht erfinden die Kinder noch ganz andere Zeichen. Der beschriebene Stein hat sich nun in den Rednerstein eurer Gruppe verwandelt. Und so spielen wir mit dem Rednerstein:

Wir sitzen im Kreis und legen den Stein in die Mitte. Wir schließen die Augen, atmen ein paarmal tief durch und öffnen sie wieder. Wer jetzt das Gefühl hat, der Stein blinzle ihn an oder spreche zu ihm, der darf sich als erster den Stein holen. Er hält ihn zwischen seinen Händen und spricht. Er darf so lange reden, wie er will. Wer den Stein in der Hand hält, ist der Chef des Kreises und hat die Gewalt des Wortes. Wenn er nichts mehr zu sagen weiß, darf er den Stein einem andern Mitspieler in die Hand legen. Jetzt ist dieser der Chef des Kreises und hat die Gewalt über das Wort. Er bestimmt das Thema und die Länge seiner Rede. Das Spiel wird so lange fortgeführt, bis alle einmal an der Reihe waren.

Goldene Regel für den Zuhörer:
Unterbrich den Redner nie!
Das Kommentieren der Rede ist verboten.
Korrigiere und kritisiere niemals den Redner mit dem Stein in der Hand!

Für Eltern kann es sehr interessant sein zu hören, welche Themen dem Kind auf dem Herzen liegen, und was es sich von der Seele sprechen will. Ganz ungehemmt kann sich der Redner mit dem Stein nur hineingeben, wenn der Kreis ihm Geborgenheit gibt und ihn wirklich schützt. Aber auch Eltern können manchmal etwas in die Runde werfen, das im normalen Alltag schwieriger einzubringen ist.

Steine im Museum

Besuchen Sie mit Ihren Kindern ein Naturhistorisches Museum in der nächsten Stadt. Sie können dort den Aufbau und die Entwicklung der Erde verfolgen, Edelsteinkabinette ansehen und Mineralien und Quarze der Alpen bewundern. Im Naturhistorischen Museum in Bern sind die größten Rauchquarze ausgestellt. Im Altmühltal in Deutschland ist im Kristallmuseum der größte Bergkristall der Welt zu besichtigen. Ein Besuch lohnt sich.

Wasser- und Feuerwesen

Wasser fließt, gleitet und breitet sich aus. Es verläuft in der Horizontalen. Wasser wird dem weiblichen Prinzip zugeordnet. Das Feuer hingegen richtet sich auf. Es lodert nach oben es brennt in der Vertikalen. Feuer wird dem männlichen Prinzip zugeordnet. Wenn Wasser und Feuer zusammenkommen, löschen sie sich gegenseitig aus. Das Wasser ertränkt das Feuer, und das Feuer läßt das Wasser verdunsten. Das Kreuz hält das Prinzip von Wasser und Feuer zusammen. Das Symbol des Kreuzes ist uralt, viel älter als das Christentum. Es veranschaulicht das weibliche und das männliche Prinzip. Eine alte chinesische Weisheit sagt: «Wasser und Feuer können nur überleben, wenn sie sich im Kreuzpunkt mit viel Achtsamkeit treffen. Wir müssen das Wasser in ein Gefäß geben und erst dann über das Feuer stellen. Nur so kann sich die Seele des Herzens und der Geist des Intellekts voll entfalten. Dies gilt für die Begegnung von Mann und Frau, aber auch für die männliche und weibliche Seite in jedem Menschen.»

Vom Urwasser zum Brunnenmärchen

Das Element Wasser hat die Menschen immer beschäftigt. Es taucht als Motiv in vielen Sagen, Mythen und Märchen auf. Die Energie des Wassers ist fließend und stark. Wasser ist lebenspendend und reinigend. Ohne Wasser können Menschen, Tiere und Pflanzen nicht leben. Wasser ist das erste Element, das Kinder erleben: Fruchtwasser umspült das Ungeborene. Es spürt seine

Wärme und hört seine Geräusche. Viele Überlieferungen berichten, daß die Welt aus den Urwassern entstanden ist. Auch in der biblischen Schöpfungsgeschichte wird dieses Urwasser erwähnt: «Im Anfang schuf Gott den Himmel und die Erde. Die Erde aber war wüst und öde, Finsternis lag auf der Urflut, und der Geist Gottes schwebte über den Wassern...». Das Wasser ist der Urquell allen Lebens. Es ist überall da, wo sich Leben entfaltet. Empfängt das dunkle Chaos des Urwassers Licht, nimmt die Schöpfung Gestalt an. In indischen Schöpfungsmythen ist es der Gott Vishnu, der in die Tiefe der Urwasser hinabsteigt, um die Erde aus dem Abgrund hervorzuziehen. Er bringt sie aus der Dunkelheit ans Licht.

Die Gewalt des Wassers kann auch verschlingen, überschwemmen, in den Abgrund ziehen und den Tod bringen. Davon erzählen die Sintflutgeschichten. Sie sind unabhängig voneinander auf allen Kontinenten anzutreffen. Die Sintflut symbolisiert nicht nur Untergang und Vernichtung, sondern auch Neuanfang und Auferstehung. Das kommt auch in der biblischen Sintflutgeschichte von Noah und seiner Arche wunderbar zum Ausdruck. Für den Neuanfang schließt Gott mit Noah und allen lebenden Geschöpfen einen Bund. Als Zeichen seines Schutzes schenkt er ihnen den Regenbogen.

Im Märchen kann Wasser heilen. Es verjüngt die Menschen und gibt ihnen ewiges Leben. Es fließt in «Jungbrunnen» und ist als «Wasser des Lebens» bekannt. Dieses kostbare Märchenwasser muß man suchen, doch es ist schwer zu finden. Für mich kommt dieses urchristliche Wassermotiv am schönsten zur Geltung im Märchen der Brüder Grimm «Das Wasser des Lebens».

Der Gott des Wassers hieß bei den Griechen Okeanos. Er hat unseren Ozeanen den Namen gegeben. Okeanos verband Himmel und Erde. Er schenkte der Erde Fruchtbarkeit. Goethe beschreibt das Wirken des Okeanos mit folgenden Worten:

Vom Himmel kommt es
Zum Himmel steigt es
Und wieder nieder
Zur Erde muß es,
Ewig wechselnd.

Mythen und Märchen erzählen oft von neugeborenen Kindern, die im Wasser ausgesetzt wurden. Die meisten haben eine Glückshaut und überleben das Abenteuer. Todesgefahr und Todesnähe gehören zum Glückskind. Das Menschenbild im Märchen gipfelt im Sieg über den Tod. Im alten Testament finden wir die Geschichte vom Mosesknäblein, das in einem Schilfkörbchen auf dem Nil ausgesetzt wurde. Im Märchen «Der Teufel mit den drei goldenen Haaren» wird das Glückskind einer armen Frau vom König in einer Schachtel ins Wasser geworfen. Er will die Verheißung verhindern, daß der Knabe mit vierzehn Jahren seine Tochter heiratet. Was ihm natürlich nicht gelingt, denn Glückskinder überleben.

Im Brunnenmärchen muß das Märchenkind in den Brunnen springen. Nach dem Sprung ins «kalte Wasser», ins Unbekannte, tritt immer eine erstaunliche Wende ein im Leben der Betroffenen. Sie sterben nicht, sie sind nicht am Ende, sondern sie entdecken neue, reiche Welten. Das bekannteste Brunnenmärchen bei uns dürfte wohl «Frau Holle» sein.

Wasserwesen

Das Element Wasser wird in Märchen und Sagen von vielerlei Wesen bevölkert. Anzutreffen sind etwa: Wassergeister, Meerjungfrauen, Seeschlangen, Wasserdrachen, Wellenpferdchen, Wasserkühe, Nixen, Nymphen und Undinen. Auch verzauberte Fische, die sprechen können, leben da. Sie tragen oft ein Schuppenkleid aus reinem Gold. Im Märchen «Der Fischer und seine Frau» spielt ein sprechender Fisch die Hauptrolle. Die Wasserwesen leben in Regentropfen, Nebelschwaden, Quellen, Bächen, Flüssen, Brunnen, hinter Wasserfällen, in Seen und im Meer. Nixen werden oft als weibliche Wesen von bezaubernder, jedoch kühler Schönheit dargestellt. Sie sind halb Mensch, halb Fisch. Sie tanzen gerne und locken mit ihren verführerischen Gesängen Männer in ihr nasses Element. Sie sind aber auch die Hüterinnen verborgener Schätze auf dem Meeresgrund. Wasserwesen sind Meisterinnen der Klänge. In manchen Sagen spielen sie Harfe oder Geige.

Versuchen Sie, mit Ihren Kindern beim nächsten Ausflug ein Gewässer mit Märchenaugen zu betrachten. Vielleicht zieht Sie das Wasser plätschernd und glitzernd in seinen zauberhaften Bann. Wer weiß, was dann zu sehen, zu hören oder zu fühlen ist.

Pare-Kori im Himmelsgarten

So wie man bei uns sagt: «Frau Holle schüttelt die Betten aus», wenn es schneit, sagen die Maori, die Ureinwohner von Neuseeland, wenn sie Schäfchenwolken am Himmel sehen: «Pare-Kori gräbt den Himmelsgarten um!» Und das kam so: Vor langer, langer Zeit lebte die Tochter von Tane, dem Gott des Waldes, bei der Erdenmutter. Als sie erwachsen war, wollte sie die Erdenmutter und Tane verlassen. Sie baute sich eine lange, lange Leiter. Sie stieg über diese Leiter hinauf zum Himmelsvater. Pare-Kori baute sich dort ein Haus mit Garten. Jedesmal wenn sie den Garten umgräbt, werden die neuseeländischen Wolken in kleine Teile zerbrochen. Darum wissen die Maori auch heute noch ganz genau, wann die fleißige Pare-Kori im Garten arbeitet. Es sind dann am Himmel viele kleine, weiße Schäfchenwolken zu sehen.

Spielanregung:

Am nächsten Sommertag, wenn der Himmel voller Wolken ist, spielen wir Wolkenbilder erraten. Wer kann am meisten Figuren und Gegenstände erkennen? Vielleicht sehen wir Wolkenschafe, das Gesicht eines Riesen, ein Krokodil, eine Ente, einen Stiefel, ein Brot und was noch?

Das Wolkenhaus und die Regentropfenmusikanten

Heute ist Su etwas Komisches passiert. Sie wollte mit ihrem Bärenfell eine kleine ruhige Reise machen. Auf ihre Bitte: «Liebes Bärenfell, fliege, fliege, fliege!» starteten die beiden sanft. Doch kaum flogen sie um die Hausecke, erfaßte ein kräftiger Windstoß den Teppich und pustete ihn blitzschnell hoch in den Himmel hinauf. Eine Schar übermütiger Luftgeisterchen zupfte Su an den Haaren, ließ ihr Kleid flattern und spielte mit dem fliegenden Teppich Fangen. Der schaukelte wild zwischen watteweichen Wollschäfchen hin und her. Su sang: «Wind, Wind, brause! Wind, Wind, sause!» Der Wind heulte huhu, huhu und trieb die beiden an weiten, wolkigen Riesengesichtern vorbei zu den grauschwarzen Wolkenkühen. Die grasten auf der Himmelsweide vor dem Wolkenhaus der Wetterfrau. Der Regenmann und die Wolkenfrau schauten aus dem Wolkenhaus. Sie öffneten das Wolkentor und zogen Su und das Bärenfell hinein. Im watteweichen Wolkenhaus sah es düster aus. Draußen heulte der Wind. Blitze zuckten blitzschnell vorbei, und durch die watteweiche Wolkenwand hörte man den Donner rollen.

Die Wetterfrau stellte Su den Regenmann und die Regentropfenkinder vor. Die sahen lustig aus. Su durfte ihnen Namen geben: Klatschtropf, Schnurfaden, Glitzerding... Die Regentropfenkinder

wechselten ständig ihre Form. Manchmal sahen sie aus wie kleine Käfer, Fische, Sterne, Gespensterchen, Gnome, Männchen, Weibchen oder Kinder. Immer waren sie klitzeklein und randvoll mit Wasser.

«An die Arbeit!» rief die Wetterfrau und klatschte in die Hände. Der Regenmann trieb die Regentropfenkinder aus dem Wolkenhaus. Mit einem Windstoß glitten Su und das Bärenfell zur Erde. Die Regentropfenmusikanten trommelten auf die Dachziegel, klatschten gegen die Glasscheiben, trommelten auf die Blätter der Bäume, glucksten in den Dachrinnen, murmelten in Bächen und tosten über Wasserfälle. Su saß mitten im Regentropfenorchester. Sie hatte gar nicht gewußt, daß Wassertropfenmusikanten so viele Lieder spielen können. Manche malten am Schluß Muster auf die Fensterscheiben und Ringe auf die Pfützen.

Die Reise der Regentropfen kann sehr unterschiedlich enden. Es kommt darauf an, wo sie landen. Alles ist möglich. Ein Regentropfen fällt auf einen Hund, ein anderer auf das Fahrrad, in den Sandkasten, auf die Schaukel, auf die Nasenspitze eines Kindes, auf ein Butterbrot, auf ein Autodach, in eine Blume. Manche versickern in der Erde, andere werden verschluckt oder weggeputzt. Die Regentropfenmusikanten freuen sich, wenn sie Wassertropfenfreunde treffen in Pfützen, Bächen oder Seen. Viele schwimmen bis ins Meer. Wenn sie Glück haben, zieht sie ein Sonnenstrahl wieder in den Himmel hinauf ins Wolkenhaus. Bei der Wetterfrau und dem Regenmann warten sie auf die nächste Reise.

Su verabschiedet sich von ihren neuen Freunden. Sie schüttelt sich die letzten Wassertropfen aus den Haaren und hängt das Bärenfell zum Trocknen auf.

Spielanregungen:

- *Die Kinder stellen sich vor, sie wären im Wolkenhaus bei Frau Wetter und dem Regenmann. Sie begleiten die Regentropfenmusikanten auf ihrer Reise zur Erde. Wo landen sie? Wie geht die Geschichte weiter? Jeder darf erzählen, was er will.*
- *Wir erfinden Regentropfennamen. Plumpstropf, Glitzerding, Wasserstern, Regengnom und was noch?*
- *Wir zeichnen Regentropfenmusikanten: Meiner sieht aus wie ein Fisch, deiner wie ein Stern, jener wie eine Regenbogenperle. Was für Formen und Figuren wohnen noch in Regentropfen, und wer kann sie zeichnen?*
- *Regentropfenbilder: Wir tupfen mit einem Pinsel ein paar Tropfen Wasserfarbe auf ein Blatt Papier. Mit einem Trinkhalm blasen wir Wassertropfenspuren-Bilder.*
- *Wassermusik: Wir brauchen Flaschen in unterschiedlichen Größen und füllen sie mit Wasser. Sie werden mit einem Kochlöffel oder Eßbesteck angeschlagen. Je nachdem, wie dick das Glas oder wie hoch der Wasserstand ist, klingen die Töne hoch oder tief. Wer kann eine Melodie vorspielen auf seinem Wasserflaschen-Xylophon?*

Wie Maui zum Meeresgott Tangaroa kam

Eine mündlich überlieferte Maorilegende aus Neuseeland

Im Land der großen weißen Wolke lebte vor langer, langer Zeit eine wunderschöne Frau. Sie hieß Taronga. Sie hatte ihr glänzendes schwarzes Haar zu einem Knoten aufgesteckt. Als ihr fünfter Sohn geboren wurde, nannte sie ihn Maui. Weil er nach der Geburt so blaß aussah und nicht weinte, glaubte sie, er sei tot. Sie war sehr traurig. Sie schnitt sich ihren Haarknoten ab und wickelte das Knäblein in das Haar ein. Sie sprach ein Gebet über dem Kleinen und schubste das Haarbündel ins Meer. Die Tränen flossen ihr über das Gesicht. Der Wind und die Wellen nahmen den kleinen Maui auf und schaukelten ihn in seinem Haarbett sanft über das große Wasser. Die Möwen begleiteten ihn und sangen ihm Wiegenlieder. Nach langer Zeit strandete das Knäblein in der Sandbucht des Meeresgottes Tangaroa. Er hörte ein leises Weinen. Der Meergott ging dem Weinen nach und fand den kleinen Maui am Strand. Er war sicher und warm eingewickelt im Haar von Taronga. Der Meeresgott nahm Maui zu sich nach Hause und sorgte für ihn wie für einen eigenen Sohn. Er lehrte ihn im Laufe der Jahre alles, was er über die Fische, Vögel und das

Meer wußte. Als Maui ein junger Mann wurde, mußte er Tangaroa verlassen. Er machte sich auf die Suche nach seiner Mutter. Maui war viele Tage und Nächte unterwegs. Am Schluß kam er in das Dorf, wo seine Mutter wohnte. Er fand ihr Haus und versteckte sich im Schatten. Kurz darauf kam seine Mutter Taronga aus dem Haus mit ihren vier anderen Söhnen und begann zu tanzen. Maui sprang zu ihr ins Licht und rief: «Mutter Taronga, ich bin dein Sohn Maui und will mit dir tanzen!» Taronga konnte es kaum fassen, daß ihr Sohn lebte. Sie freute sich sehr. Sie gab ihm den Namen: «Maui Tikitiki a Taronga», das heißt: «Maui, der geformt wurde aus dem Haarknoten seiner Mutter Taronga.» Sie umarmten sich, und dann tanzte Taronga mit ihrem heimgekehrten Sohn einen Freudentanz. Sie feierten ein großes Fest und waren alle glücklich.

Bergseen sind Ferienorte für Delphine

Es ist Frühling. Su hat ihr Bärenfell unter den blühenden Kirschbaum gelegt. Sie ist mit ihren Puppen zum ersten Mal draußen in diesem Jahr. Sie wollen zusammen ein Kirschblütenpicknick machen. Su setzt die Puppen auf den Teppich, verteilt Tassen und Tellerchen und will gerade Tee einschenken. Da murmelt sie aus Versehen: «Liebes Bärenfell, fliege, fliege, fliege!» Der Teppich hebt vom Boden ab und schwebt über den blühenden Baum. Die Puppen kichern, die Tassen und Tellerchen klirren und Su ist im ersten Moment erschrocken. Dann schenkt sie trotzdem Tee ein und lacht verlegen: «Jetzt haben wir ein fliegendes Picknick!» «Schau», rufen die Puppen entzückt, «wir ziehen eine Schleife um den Kirchturm!» Das Bärenfell wackelt ein bißchen und braust dann in Windeseile über Dörfer, Städte, Felder, Wiesen und Wälder.

Plötzlich tauchen weiße Berge auf. Einer sieht aus wie eine ägyptische Pyramide. Seine Füße baden in einem türkisblauen See. Zum Staunen der Picknickgesellschaft setzt sie der Teppich direkt am Ufer ab. Su schaut verträumt über das Wasser. Was bewegt sich da? Eine Gruppe von durchsichtigen Delphinen schwimmt auf sie zu. Ihre Körper sehen aus wie regenbogenfarbig schillernde Seifenblasen. Su kneift sich in den Arm. Sie denkt, sie träumt: «Das gibt es doch nicht! Delphine in einem Schweizer Bergsee!» Aber die Puppen sehen es auch.

Große und kleine Delphine gleiten durchs Wasser. Delphinmütter spielen mit ihren Babys. Alle tauchen und springen, ziehen sanfte Kreise und Achten im Wasser. Die Bewegungen der Delphine wirken wie ein Wasserballett. Der Größte der Gruppe schwimmt ans Ufer. Er trägt ein Krönchen auf dem Kopf. Er ist der Delphinkönig. Er sagt zu Su: «Da staunst du, aber wir sind's wirklich! Wir sind die Wasserwesen der Ozeane. Wir haben die Form von Delphinen und sind durchsichtig. Der liebe Gott hat uns die Aufgabe gegeben, das Wasser der

Meere, der Seen und der Flüsse zu reinigen. Unsere Körper wirken wie Filter. Wir trinken das verschmutzte Wasser, und wenn es durch uns hindurchgeflossen ist, ist es wieder rein. Weil sauberes Wasser für euch Menschen lebenswichtig ist, helfen wir euch. Am schlimmsten ist es für uns, wenn Öl ins Wasser läuft. Dann kommen wir von überall her zusammen und arbeiten nur an diesem Ort. Ölwasser reinigen ist die schwerste Arbeit für uns. Sie macht uns Wasserwesen sehr müde. Die Bergseen sind unsere Ferienheime. Wir kommen von allen Weltmeeren hierher, um uns zu erholen. Das türkisblaue Gletscherwasser wäscht uns wieder rein.»

Su ist überwältigt von der Schönheit der Wasserwesen. Sie verneigt sich vor dem König und fragt: «Kann ich etwas für dich und dein Volk tun?» «Ja», antwortet er, «Su, brauche alles Wasser stets bewußt. Vergeude keinen Tropfen und verunreinige es nie mehr als nötig! Schick uns jeden Morgen und jeden Abend eine große Kugel Licht und sprich dieses Dankgebet:

> Liebe, Licht und Kraft
> für alle Wasserwesen!
> Habt Dank für eure Arbeit.
> Gottes Segen sei mit euch!

Der Dank der Menschen ist unsere Nahrung.» Das Wasser kräuselt sich leicht. Bevor Su es richtig fassen kann, ist der Delphinkönig mit seinem Volk im See verschwunden.

Die Kirschblütenpicknick-Gesellschaft setzt sich wieder aufs Bärenfell. Su murmelt: «Liebes Bärenfell, fliege, fliege, fliege!», und der Teppich steigt in die Luft. Er zieht eine große Schleife über dem türkisblauen Gletscherwasser. Er fliegt am pyramidenförmigen Berg vorbei, über Wiesen und Felder zurück nach Hause. Damit sie es ja nicht vergessen, singen Su und die Puppen auf dem Heimflug immer wieder das Dankgebet für die Wasserwesen.

Su und die Puppen versuchen auch Lichtkugeln zu machen. Sie

stellen sich vor, sie halten einen unsichtbaren Luftballon in den Händen. Bei jedem Ausatmen lassen sie durch die Arme und die Hände goldenes Licht fließen. Der durchsichtige Ballon füllt sich mehr und mehr mit goldenem Licht. Wenn das Licht strahlt wie eine Sonne, denken sie sich einen Wasserwesendelphin in die Mitte der Kugel. Dann lassen sie die Lichtkugel vom fliegenden Teppich aufsteigen in den Himmel. Von dort schwebt sie sanft nieder zu einem Wasserwesen, das ihr Licht braucht. Eine Puppe ruft: «Hei, das sieht ja aus wie Leuchtraketen!» Der fliegende Teppich gleicht auf dem Heimflug einem Kometen auf seiner Bahn. Viele goldene Lichtkugeln ziehen über den Himmel. Sie bilden einen Kometenschweif wie beim Weihnachtsstern.

Spielanregungen:
Eine Phantasiereise

Das Kind liegt entspannt auf einer Decke am Boden. Wir setzen uns dazu. Wir sind still und haben die Augen geschlossen. Sagen Sie dem Kind, daß Sie nun im Kopf eine Phantasiereise zusammen machen. Sie erzählen Schritt für Schritt. Das Kind muß nichts anderes tun, als zuhören und im Geiste mitgehen. Wir erzählen ihm in ruhigen, gleichmäßigen Worten folgende Phantasiegeschichte:

«Stell dir vor, du sitzst auf dem Bärenfell von Su und fliegst über die Wälder und Felder, über Seen, über die Berge bis ans Meer. Der Teppich landet an einem sonnenüberfluteten Sandstrand. Du legst dich in den Sand am Meer. Der Sand fühlt sich angenehm warm an. Du spürst die Sonne auf deiner Haut. Sie wärmt dich. Über dir wölbt sich der blaue Himmel. Du hörst die Wellen. (Wenn wir eine Wellenmusik haben, können wir die dazu einspielen.) Die Wellen kommen und gehen, kommen und gehen. Die Wellen singen ihr Lied. Es ist ein Lied ohne Anfang und Ende. Du riechst das Salzwasser. Du hörst eine Möwe kreischen. Du stehst auf und gehst ans Wasser. Es umspielt deine Knöchel. Langsam steigst du tiefer ins Wasser. Es ist wunderbar warm. Die Sonne glitzert auf den Wellen. Du beginnst zu schwimmen.

Ein Delphin nähert sich dir. Schau ihn genau an. Wie sieht er aus? Er beginnt mit dir zu sprechen: «Halte dich an meiner Rückenflosse fest, ich werde dich in meine Welt entführen.» Du tust, wenn du willst, das, wozu dich das Wasserwesen aufgefordert hat. (Hier geben wir dem Kind einen Moment Zeit, damit es sich seinen eigenen Bildern überlassen kann.) Nach einer Weile bringt dich der Delphin wieder an den Strand zurück. Du bedankst dich bei ihm für die schöne Reise und schaust ihm nach, wie er ins weite Meer hinausschwimmt. Du fühlst den warmen Sandboden unter deinen Füßen und hörst das Lied der Wellen wieder.

Du setzt dich auf das Bärenfell und fliegst mit dem fliegenden Teppich über die Alpen, dem Bergsee entlang, über Felder und Wiesen wieder zu dir zurück.

Langsam bewegst du deine Zehen, Füße und Beine, die Finger und Arme. Dann streckst du dich genüßlich. Jetzt reibst du die Handflächen gegeneinander und wäschst dir damit sanft das Gesicht. Öffne die Augen und setze dich auf.»

Anschließend kann das Kind berichten, was es erlebt hat während der Reise. Vielleicht will es nicht darüber sprechen, sondern die Reise lieber zeichnen.

Ein Lichtball entsteht

Wir stellen uns locker hin. Die Übung wird wenn möglich mit geschlossenen Augen durchgeführt. Wir klatschen zuerst mehrfach in die Hände und reiben dann die Handflächen auf Brusthöhe solange aneinander, bis die Hände ganz warm sind. Dann halten wir sie sorgfältig 5 - 10 cm auseinander. Wir bewegen sie sanft hin und her, wie wenn wir Ziehharmonika spielen würden. Wir fühlen uns in die Hände ein und schauen mit dem inneren Auge, was passiert. Hier ein paar Kommentare von Kindern:

«Ich habe Spaghettifäden zwischen den Händen.»

« Mir ist ganz warm geworden. Es ist eine Art Feuer, das nicht brennt. »
« Mich pieksen die Hände. »
« Bei mir gibt es wie Wellen zwischen den Händen. »

Sobald die Energie zwischen den Händen läuft, versuchen wir damit einen kleinen Ball zu formen. Er wird immer größer und größer. Bei jedem Ausatmen lassen wir goldenes Licht durch unsere Arme über die Hände und Finger in die Kugel fließen. Am Schluß halten wir die goldene Kugel vor unserem Herzen und schicken sie mit lieben Wünschen einem Wasserwesen.

Feuerwesen

Das Feuer brachte den Menschen Licht und Wärme. Es machte Speisen gar und das Metall gefügig. Darum war das Feuer in allen alten Kulturen heilig. Es wurde als Gottheit verehrt. Das war auch bei den Römern so. Die älteste Schwester von Jupiter hieß Vesta. Als himmlische Jungfrau war sie die Hüterin des Herdes und des heiligen, ewigen Feuers. Bei ihrem Namen wurden Schwüre abgegeben. Man huldigte ihr bei jeder Mahlzeit und brachte ihr Opfer dar.

Auch bei uns haben sich noch einige Feuerbräuche erhalten. Der Winter wird verbrannt, die Osterkerze spendet Licht für das ganze Jahr, im Sommer wird das Johannisfeuer übersprungen, und im November machen die Kinder Laternenumzüge für Sankt Martin.

Da ein Feuer etwas sehr Lebendiges ist, es züngelt, zischt, flackert und knackt, wundert es nicht, daß viele Sagen- und Märchenerzähler in ihm lebendige Feuerwesen sehen. Leider sind Feuerwesen in unserem Alltag rar geworden. Sie sind aus dem Kochherd verschwunden und auch in der Zentralheizung nicht mehr zu sehen. Kinder unserer Zeit haben selten Gelegenheit, auf natürliche Weise mit einem Feuer in Kontakt zu kommen. Ihnen fehlt darum oft die Erfahrung, daß Feuer schön, warm, heiß, glühend, verzehrend, umwandelnd, gefährlich und reinigend sein kann. Feuer ist ein « heißes » Thema für Mädchen und Knaben. Das Feuer zieht sie an, und gleichzeitig haben sie Angst vor ihm. Darum sollten wir mit Kindern bewußt Feuererlebnisse gestalten.

Feuerfee und Flammenkobold

Eine Geschichte von Gisela Walter

Die kleine Feuerfee und der kleine Flammenkobold sind Freunde. Wenn sie sich treffen, haben sie viel Spaß miteinander. Am liebsten spielen sie Feuerspiele auf ihrem Feuerspielplatz.

Auch heute wollen sie wieder ein herrlich großes Feuer machen. Sie sammeln trockene Tannenzapfen und Zweige. Der Flammenkobold schleppt auch einige große Äste herbei. Dann schichten die beiden das Feuerholz auf. Als sie damit fertig sind, schnippt die Feuerfee mit den Fingern, und ein kleiner Feuerfunken springt in die Mitte des aufgebauten Holzstoßes.

Ein kleines Flämmchen zuckt auf und entzündet die dünnen Zweige. Es knistert leise. Dann springen die Flammen auf die Tannenzapfen über, und das Knistern und Knacken wird lauter. Die Funken sprühen. Jetzt werden die Flammen immer größer. Die Zweige fangen Feuer. Das Feuer prasselt und tobt. Die Flammen züngeln um die großen Äste und wollen sie entzünden.

Als der kleine Flammenkobold das sieht, klatscht er begeistert in die Hände, und Stichflammen lodern auf. Das Feuer tobt, und die Flammen springen wild im Kreis. Jetzt fassen sich die kleine Feuerfee und der kleine Flammenkobold an den Händen und tanzen um ihr Feuerspiel. Die Flammen tanzen mit und drehen und verbeugen sich, hüpfen in die Höhe und schlängeln um Zweige und Äste.

Das ist ein Drehen und Springen, ein Auf und Ab und Hin und Her. Die kleine Feuerfee und der kleine Flammenkobold springen und tanzen mit den Flammen um die Wette. Jeder will wilder und schneller sein.

Langsam wird das Feuer wieder kleiner. Die Flammen ziehen sich zurück, tänzeln und schlängeln um die verkohlten Äste, die in der Mitte der Feuerstelle zusammengefallen sind. Zum Schluß züngeln nur noch ein paar kleine Flämmchen sanft um die Holzreste, dann ein

Glimmen, und schließlich ist das Feuer aus. Ein dünner Rauch steigt in die Luft. Die kleine Feuerfee und der kleine Flammenkobold sind ganz außer Atem gekommen vor Tanzen und Hüpfen. Jetzt bleiben sie stehen und schauen der kleinen Rauchwolke nach, die sich langsam in Luft auflöst.

Die beiden Freunde verabschieden sich. «Morgen machen wir wieder ein Feuer!» sagt die kleine Feuerfee. «Und wir tanzen einen wilden Flammentanz!» sagt der kleine Flammenkobold. Dann dreht sich jeder dreimal im Kreis, klatscht in die Hände – und ist verschwunden.

Spielanregungen:

- *Wir sammeln Holz für ein nächtliches Lagerfeuer, schichten es auf und zünden es an. Wir beobachten das lodernde Feuer, bis das Holz verkohlt und nur noch die Glut schimmert. Dazu singen wir und erzählen uns Geschichten.*
- *Wir bauen gemeinsam eine Feuerstelle und kochen uns eine Mahlzeit auf dem offenen Feuer.*
- *Die Kinder lernen unter Aufsicht der Eltern eine Kerze anzuzünden.*
- *Feuerritual: Wir setzen uns in einen Kreis. Wir stellen eine Bienenwachskerze in die Mitte. Ein Kind darf mit einem brennenden Streichholz die Flammenfee der Kerze anzünden. Wir reichen uns die Hände und «saugen» mit den Augen die Flammenfee in uns auf. Jetzt wird die brennende Bienenwachskerze im Kreis herumgereicht. Jeder hält das Kerzenlicht einen Moment still vor seinem Herzen und fächert sich mit der freien Hand das Licht der Flamme zu. Am Schluß wird die Kerze wieder in die Mitte gestellt. Wir schließen die Augen und stellen uns vor, wir hätten in unserem Herzen ein Licht angezündet. Wir lassen das Licht größer und größer werden. Wir schicken etwas von unserem Licht zu einem Menschen, den wir liebhaben.*

SONNE, MOND UND STERNE

Die Sonne ist der Mittelpunkt unseres Sonnensystems. In harmonischer Bewegung kreisen alle Planeten um sie. Die Sonne mit ihren Planeten kann uns den Weg weisen zur eigenen Mitte und zur Harmonie.

In der Astrologie wurde die Sonne von alters her als Kreis mit einem Punkt in der Mitte dargestellt. Der Kreis ist das Zeichen des Universums und des Unendlichen. Er hat wie ein Ring keinen Anfang und kein Ende. Der Kreis bildet eine Schale, der Punkt den Kern. Die Schale wird mit der Liebe verglichen und der Kern mit der Weisheit. Der Punkt selbst stellt das höchste Wesen dar. Er ist die schöpferische Lebenskraft, mit der alles anfängt. Dieses Sonnensymbol ist auch das Bild des Auges, des Atoms und das einer menschlichen Zelle. Die Sonne ist das «Ich bin», der Anfang aller Dinge. Sie ist die Quelle des Lichtes und des Lebens. Sie bringt

Kraft, Wachstum, Klarheit, Verstand, Wissen, Geist und Bewußtsein. Die Sonne ist der Tag, das Licht und das Feurige. Wo Licht ist, ist auch Schatten. Wer sich der Sonne zuwendet, läßt den Schatten hinter sich.

Unsere täglichen Erfahrungen sind geprägt von Licht und Dunkelheit und der jährlichen Reise der Sonne durch die Jahreszeiten. Der Tag beginnt mit dem Aufgehen der Sonne im Osten, und er endet mit ihrem Untergang im Westen. Von der Erde aus gesehen wandert die Sonne über den Himmel und versinkt am Abend in der Dunkelheit. In unserer Kultur wird die Sonne als männliche Energie verstanden. Der Mond dagegen symbolisiert das Weibliche, das Unbewußte und das Wäßrige. Alles auf Erden ist sonnengeboren und sonnenbestimmt, ein jedes in seiner besonderen Art. Es wächst kein Hälmlein und kein Blatt ohne Sonnenlicht. Darum war den alten Völkern die Sonne heilig. Sie verehrten sie stellvertretend für das unvorstellbare Bild von Gott. Die Sonne steht als sichtbares Zeichen am Himmel für den König, den Herrscher, den Vater und den Sohn. Christus sagte von sich: «Ich bin das Licht der Welt.» Im Sonntag, unserem christlichen Feiertag, hat sich der Name der Sonne bis heute erhalten. Der Sonntag ist der Tag der Sonne.

Wo haben sich Sonnen- und Schöpfungsmythen erhalten?

Viele Mythen, Sagen und Märchen erzählen von der Erschaffung der Sonne. Die Schöpfungsgeschichte der Bibel beginnt mit dem Befehl Gottes: «Es werde Licht!» Gott schuf die Welt mit Klang und Licht. Mehr darüber finden Sie im Kapitel «Von Engeln und Schutzengeln» (S. 139). Da wird die Schöpfungsgeschichte kindgerecht erzählt unter dem Titel: «Von Gott, der sich vor Freude wünschte, Viele zu werden.» In anderen Kulturen treten manchmal Sonne und Mond als Liebespaar auf. Die Sonne ist der Vater, der Mond die Mutter, und aus der Vereinigung der beiden entsteht das Kind.

C. G. Jung sieht in der Sonne ein Symbol der Wandlung: «Die Sonne ist geeignet, den sichtbaren Gott dieser Welt darzustellen, das heißt die treibende Kraft unserer eigenen Seele, die wir Libido nennen, und deren Wesen es ist, Nützliches und Schädliches, Gutes und Böses hervorbringen zu lassen.» In manchen Kulturen war die Sonne auch böse. Bei den Azteken etwa war der Sonnengott ein blutrünstiges, allesfressendes Wesen. Man opferte ihm sogar Menschen.

In manchen Märchen besucht der Held auf seiner Wanderung Sonne, Mond und Sterne, um diese um Rat zu bitten. Sie wissen die Antwort, weil sie alles sehen, was auf der Erde geschieht. Dieses Motiv ist anzutreffen in den Märchen der Brüder Grimm «Die sieben Raben» und «Das singende, springende Löweneckerchen». In anderen Märchen ist das «Schloß der goldenen Sonne» zu finden. Es ist das Symbol des höchsten Lebens, das nur ein Mensch erreichen kann, der bereit ist, sein Leben dafür zu wagen. Das Märchen «Die Kristallkugel» führt uns zum Schloß der goldenen Sonne.

Der Himmelsvater, die Erdenmutter und das Sonnenlicht

Eine Schöpfungslegende aus Neuseeland,
bearbeitet für Kinder

Wissenswertes für die Erzählerin und den Erzähler: Unter den Maori in Neuseeland sind die mündlich überlieferten Mythen noch sehr lebendig. Sie werden von alten, weisen Männern und Frauen an die Jungen weitergegeben. In dieser Schöpfungsgeschichte waren der Himmel, die Erde und die Sonne schon immer da. Sie mußten nur voneinander getrennt werden, damit sich jeder Teil voll entwickeln konnte. Die ersten Kinder des Himmelsvaters und der Erdenmutter waren Götter. Sie waren Teilaspekte des Schöpfungsprozesses und halfen mit, die Erde und den Himmel zu gestalten. Das konnte aber erst geschehen, nachdem die Sonne aufgegangen war, und sich ihr lebensspendendes Licht über die Erde ergoß. Die Geschichte zeigt auch deutlich, wie vehement sich Kinder von den Eltern lösen müssen, um sich frei zu entwickeln und Neues zu schaffen.

Vor langer, langer Zeit als noch keine Menschen auf der Erde lebten, und es noch keine Vögel und keine Tiere gab, schien die Sonne nicht. Es herrschte ewige Nacht und eine tiefe, große, schwarze Stille. Der Himmelsvater und die Erdenmutter umarmten sich so innig, daß der Wind kein Lied zwischen ihnen singen konnte und keine Wolke einen Durchschlupf fand. Der Himmelsvater und die Erdenmutter hatten Kinder zusammen. Sie lebten eingeklemmt zwischen den beiden. Und weil es so finster war, konnten die Kinder nicht sehen, wo sie gingen und wo sie standen. Sie kannten die Sonne nicht und hatten den Wind noch nie gefühlt.

Das stärkste der Götterkinder war Tane. Eines Tages sagte er: «So kann es nicht weitergehen. Wir müssen etwas tun!» – «Ja, ja!» schrien alle Brüder. «Wir brauchen die Sonne! Wir brauchen den Wind! Aber was sollen wir tun?» Einer rief: «Wir erschlagen die Eltern, dann wird es hell!» – «Nein!» sagte Tane, «wir können nicht Mutter und Vater töten. Wir wollen sie voneinander trennen.» Alle Kinder versuchten

gemeinsam, die Eltern zu trennen. Sie stupsten, zogen, schoben, stießen und zerrten an den beiden. Doch sie schafften es nicht, den Himmelsvater und die Erdenmutter voneinander zu trennen. Doch Tane, dem Starken, gelang es plötzlich, sich zwischen die beiden zu drängen. Der Himmelsvater und die Erdenmutter waren schockiert. Sie schrien beide: «Kinder, was macht ihr mit uns?» Doch bevor sie richtig begriffen, was passierte, hatte Tane den Himmelsvater gepackt und von der Erdenmutter getrennt und ihn mit seinem Arm weit in den Himmel gestoßen.

Das Licht der Sonne kam auf die Erde. Und die Götterkinder sahen zum erstenmal die Sonne, und es wurde Tag. Sie sahen zum erstenmal, wo sie gingen und wo sie standen. Tane pflanzte Bäume und Farne auf die Erde. Er schuf Vögel und alle Blumen, die in so vielen Farben blühen. Und so wurde Tane der Gott des Waldes. Ein Bruder Tanes pflanzte süße Kartoffeln und Gemüse. Er wurde der Gott aller Pflanzen, die man essen kann. Tangaroa schuf das Meer, die Fische und die Muscheln, kurz alle Kreaturen im Wasser: Tintenfische, Seesterne, Krebse, Algen und Korallen. Darum wurde Tangaroa der Gott des Meeres. So wurde die Erde nach und nach von den ersten Göttersöhnen erschaffen. Unter dem strahlenden Sonnenlicht begann alles zu wachsen, zu blühen und zu gedeihen.

Der Himmelsvater und die Erdenmutter vermißten sich sehr. Sie waren traurig, daß sie nun getrennt leben mußten. Deswegen mußte der Himmelsvater oft weinen. Und wenn er weinte, fielen seine Regentränen auf die Erdenmutter. Auch die Erdenmutter hatte Heimweh nach ihrem Mann, dem Himmelsvater. Sie weinte still vor sich hin. Ihre Tränen rollten ins Wasser und vermischten sich mit den Regentränen des himmlischen Vaters. Gemeinsam sickerten sie in den Boden des Waldes, flossen in Bäche und Ströme, in Seen und ins Meer.

Helios und sein Sonnenwagen

Eine griechische Sage, bearbeitet für Kinder

Wissenswertes für die Erzählerin und den Erzähler: Die Laufbahn der Sonne hat die Menschen immer beschäftigt und zum Erzählen von Geschichten angeregt. Aus Griechenland ist die Sage von Helios und dem Sonnenwagen überliefert.

Der Sonnengott hieß Helios. Er hatte zwei Schwestern, das waren die Mondfrau Selene und die Morgenröte Eos. Jeden Morgen in der Frühe, wenn es draußen noch dunkel war, krähte der goldene Hahn im prunkvollen Goldpalast des Ostens. Dann stand seine Schwester Eos, die Morgenröte, auf und leuchtete Helios mit ihrem sanften rosa Morgenlicht, damit er seine vier feurigen Pferde vor den goldenen Wagen spannen konnte. Die Morgenröte winkte ihm zu, wenn er aus dem goldenen Tor des Ostpalastes gegen den Himmel sprengte.

Helios, der Sonnengott, zog während des Tages mit seinem Gespann über den Himmel. Die vier feurigen Pferde durchritten den Himmelsbogen. Jeden Mittag erreichte Helios mit seinem Gespann die Himmelsmitte. Der strahlende Sonnengott konnte von seinem Wagen aus alles sehen, was auf der Erde geschah. Er wußte genau, was jeder Mensch tat. Helios lenkte seinen goldenen Wagen mit den vier feurigen Pferden von einem Ende des Himmels zum anderen. Er zog auf seiner Reise immer von Osten nach Westen.

Am Abend empfing ihn seine andere Schwester, die Mondfrau Selene, an ihrem silbernen Palast des Westens. Sie spendete ihm das sanfte Mondlicht der Nacht, damit er sein feuriges Gespann mit Roß und Wagen auf die goldene Fähre umladen konnte. Die hatte ihm der göttliche Schmied Hephaistos gebaut, damit sie ihn über das große Wasser, das rund um die Erde fließt, zurückbringen konnte. So legte sich Helios bei Einbruch der Dunkelheit in sein weiches Nachtlager auf der Fähre. Die Mondfrau Selene sang ihn in den Schlaf und bewachte seine Träume. Schlafend fuhr Helios mit seinem Gespann jede

Nacht über den schwarzen Ozean zurück zum Ostpalast der Morgenröte Eos. Die Fähre mußte dort ankommen, bevor der goldene Hahn anfing zu krähen. Denn das war jeden Morgen das Startzeichen für seinen neuen Ritt über den Himmel.

Wenn die Sonne im Osten aufstieg und gegen Westen wanderte, sagten die Menschen auf der Erde: «Schaut, Helios, der Sonnengott, fährt mit seinem goldenen Wagen und den vier feurigen Pferden über den Himmel.» Sie freuten sich über seine Pracht, sein Leuchten und seine Herrlichkeit. Und wenn ein Mensch glücklich war, sagten sie: «Er strahlt wie die Sonne.»

Spielanregungen:

- *Wir sprechen mit den Kindern über die Geschichte von Helios.*
- *Sie dürfen erzählen, wie sie sich den goldenen Ostpalast und den silbernen Westpalast vorstellen. Vielleicht möchten sie die Mondgöttin Selene beschreiben oder die Morgenröte Eos.*
- *Wir lassen die Kinder erzählen, wie sie sich Helios und sein Gespann vorstellen.*
- *Die feurigen Pferde, der goldene Wagen und Helios lassen sich gut zeichnen. Wer versucht es?*
- *Wer möchte ein Nachtbild malen von Helios auf der Fähre, wie er über den Ozean zurückfährt?*

Su und der Sonnenengel

Weil es heute regnet, hat Su Sehnsucht nach der Sonne. Sie streichelt ihr Bärenfell und murmelt: «Liebes Bärenfell, fliege, fliege, fliege!» Das Bärenfell fliegt mit Su in die Wüste. Sie hat immer gedacht, die Wüste sei öd und leer. Doch von oben sieht sie Berge und Täler im Sand. Der Wind hat Rillen in die Dünen geblasen und Wellen geformt. Auf den ersten Blick glaubt Su, es sei Wasser. Ihr fliegender Teppich setzt sie am Rande der Wüste unter einer Palme ab. Der Sand ist so heiß, daß Su auf dem Bärenfell sitzen bleibt. Sie lehnt sich an die Palme und schaut fasziniert in die fremdartige, ungewohnte Wüstenlandschaft. Die klitzekleinen Sandkörner glitzern und glänzen weiß im Sonnenlicht. Ein unendlich blauer Himmel wölbt sich über das weite Wüstenland. Das Licht flimmert über der Erde und warme Stille liegt in der Luft.

Plötzlich kommt Su ein strahlendes Wesen in einem goldenen Flammenkleid entgegen, das aussieht wie eine Prinzessin. Es bleibt vor Su stehen und stellt sich vor: «Ich bin der Sonnenengel. Ich komme jeden Morgen vom Himmel und gieße goldenes, leuchtendes Licht auf die Welt. Ich bringe die Wärme, das Leben und das Feuer. Ich tauche die Wüste in Hitze und gleißendes Sonnenlicht. Durch mein Licht beschütze ich dich. Durch mich wird aus winzigen Weizenkörnern ein Meer goldener Gräser, die sich im Winde wiegen.» Geblendet schaut Su dem Sonnenengel nach, wie er im Licht verschwindet. Su schließt die Augen und fühlt in und um sich ein großes, goldenes Licht. Glück durchrieselt sie vom Kopf bis in die Füße. Sie bedankt sich in ihrem Herzen beim Sonnenengel für seinen Besuch. Sie verabschiedet sich von der Wüstenlandschaft und der Palme. Trunken vor Glück fliegt sie mit ihrem Bärenfell wieder nach Hause.

Spielanregungen:

Schützendes Licht

Wir stellen uns mit dem Gesicht zur Sonne. Wir schließen die Augen und lassen uns das Gesicht von der Sonne wärmen. Wir strecken beide Arme zum Himmel und stellen uns vor, die Sonnenkugel senke sich auf unseren Kopf. Wir atmen langsam und tief durch. Wenn wir ihr Licht und die Wärme um uns fließen spüren, wenn es prickelt in den Fingern und den Füßen, fassen wir mit gestreckten Händen über der Kopfmitte das Licht und ziehen es langsam in einem großen Kreis seitwärts bis zu den Knien hinunter. Wir sind nun ganz in das Licht des Sonnenengels eingehüllt. Wir bitten um göttlichen Schutz mit folgendem Satz: «Ich stehe im göttlichen, weißen Licht und bin geschützt vor allem Bösen!» Immer wenn wir in Gefahr sind, können wir uns mit diesem Licht des Sonnenengels verbinden. Wir spüren dann seinen Schutz.

Inneres Licht

Mit dieser kleinen Übung können wir das innere Licht des Sonnenengels sehen. Es funktioniert aber nur, wenn die Augen während der ganzen Übung geschlossen bleiben. Wir stellen uns mit dem Gesicht in die Sonne, schließen die Augen und lassen uns das Gesicht wärmen. Wir halten einen Moment die hohlen Handflächen wie kleine Zelte über die Augen, so daß kein Sonnenstrahl eindringen kann. Wir atmen ruhig und tief durch. Nun lösen wir die Hände vorsichtig von den geschlossenen Augen. Vor den geschlossenen Augen lassen wir nun blitzschnell die gespreizten Finger auf und ab gleiten. Durch die Bewegungen entstehen «Farbblitze» unter den Augenlidern. Nun legen wir wieder die hohlen Handflächen wie kleine Zelte über die geschlossenen Augen. Es darf kein Sonnenlicht eindringen. Nach etwa einer halben Minute nehmen wir die Hände weg. Das Gesicht ist immer noch der Sonne zugewandt. Nun ergießt sich hinter unseren Augenlidern ein wunderbares Gold- oder Rotorange. Es ist die Farbe unseres Sonnenengels. Erst nachdem wir das gesehen haben, öffnen wir die Augen wieder.

Sonnengesang des Bruder Franz

Bearbeitet für Kinder von Max Bolliger

Wissenswertes für die Erzählerin und den Erzähler: Weil die Sonne für die Menschen so wichtig ist, wurde sie viel besungen. Die berühmtesten Sonnengesänge stammen aus dem alten Ägypten und den biblischen Psalmen. Auch der Sonnengesang des heiligen Franz von Assisi wurde weltberühmt. Wir lesen ihn den Kindern vor und sprechen nachher darüber. Wer versucht, einen eigenen, neuen Sonnengesang zu dichten? Was hat uns die Sonne heute zu sagen? Wofür können wir ihr danken?

Allmächtiger und guter Herr,
dein ist das Lob und die Ehre.
dein ist das Lob und der Dank.

Gelobt seist du, mein Herr,
mit all deinen Geschöpfen,
vor allem mit deinem Bruder Sonnenball,
er schenkt uns den Tag und das Licht.
Schön ist er, strahlend in großem Glanz,
er ist strahlend wie du.

Gelobt seist du, mein Herr,
durch die Schwester Mondsichel und die Sterne.
Am Himmel hast du sie gebildet,
hell leuchtend und schön.

Gelobt seist du, mein Herr,
durch den Bruder Wind, durch Luft
und Wolken und jegliches Wetter.
Durch sie gibst du deinen Geschöpfen Leben.

Gelobt seist du, mein Herr,
durch Schwester Wasser.
So nützlich ist das Wasser
und kostbar und rein.

Gelobt seist du, mein Herr
durch Bruder Feuer,
durch das du die Nacht erleuchtest,
das Feuer ist schön und stark.

Gelobt seist du, mein Herr,
durch unsere Schwester, die Mutter Erde,
die uns erhält und ernährt,
vielfältige Frucht bringt
und bunte Blumen und Kräuter.

Gelobt seist du, mein Herr,
durch alle Menschen,
die aus Liebe zu dir verzeihen können
und Schwachheiten und Leiden ertragen.
Selig sind sie, wenn sie Frieden halten.

Gelobt seist du, mein Herr,
durch unsern Bruder Tod;
ihm kann niemand davonlaufen.
Selig alle, die mit deinem heiligen
Willen übereinstimmen.
Sie brauchen sich nicht zu fürchten.

Lobet und preist meinen Herrn!
Sagt ihm Dank und dienet ihm demütig!

Aus dem Leben des heiligen Franz von Assisi

«Wie eine Sonne ging er in der Welt auf.» Dies sagte Dante, einer der größten Dichter Italiens, über Franz von Assisi. Er faßte in Worte, wie die Menschen diesen Heiligen damals empfanden. Franz wurde um 1181 als Sohn eines Kaufmanns geboren. Er wuchs in Assisi auf. Der Junge träumte von einer Karriere als Ritter. Mit zwanzig Jahren zog er in den Städtekrieg zwischen Assisi und Perugia. Er wurde gefangengenommen und verbrachte ein Jahr in einem dunklen Verließ. Franz erkannte, daß er sein Leben ändern mußte. Im Jahre 1205 betete Franz in einem verfallenen Kirchlein. Plötzlich hörte er, wie Christus vom Kreuz herab zu ihm sprach: «Franz, stelle mein verfallenes Haus wieder her!» Er nahm die Aufforderung wörtlich, verkaufte zahlreiche Tuchballen seines Vaters und übergab den Erlös dem Pfarrer, damit er die Kapelle wieder herrichten konnte. Sein Vater war wütend und wollte den Kaufpreis wieder zurückhaben. Er enterbte Franz. Dieser gab alles zurück. Vor einer großen Menschenmenge und dem Bischof zog er sich ganz aus und rannte nackt aus der Stadt. Es war sein Abschied von der Gesellschaft. Und wieder hörte Franz in einer Kirche Christus sprechen: «Nehmt weder Beutel noch Tasche mit und keine Schuhe.» Da wußte Franz, daß er ganz in Armut leben mußte. Er legte seine Schuhe ab, zog sich eine braune Kutte an, schnürte sich mit einem Strick und begab sich als Bettler auf Wanderschaft. Franz gründete später den Franziskanerorden.

Er war voller Liebe zu allen Geschöpfen. Er sprach mit den Tieren, mit den Pflanzen, mit der Sonne, mit dem Wind, er nannte sie alle meine Brüder und Schwestern. Im Jahre 1225 hatte Franziskus ein schlimmes Augenleiden. Er fürchtete, ganz blind zu werden. Er verbrachte fünfzig Tage in einem dunklen Raum, weil er das helle Tageslicht nicht mehr ertrug. Er hatte große Augenschmerzen. Er mußte an die Blumen, die Bäume, die Sonne, den Mond und die Sterne und all die wunderbaren Dinge aus der Schöpfung denken, die ihm das Leben so schön gemacht hatten. Er war traurig, weil er wußte, daß er nun bald erblinden würde und diese schönen Sachen nie mehr sehen konnte. Da wurde Franziskus von einer großen Freude erfüllt. In ihm entstand ein wunderschönes Lied, der Sonnengesang, ein Loblied auf die ganze Schöpfung. In der Nacht vom 3. Oktober 1226 schloß Franz von Assisi für immer die Augen.

Die Sonne in der Kinderzeichnung

Weil die Sonne über den Himmel wandert und ihre Strahlen scheinen läßt, empfinden Kinder sie als lebendiges Wesen. Kinder lieben die Sonne, ihre Wärme und ihre Kraft. Vom fünften bis zum zehnten Lebensjahr spielt die Sonne eine große Rolle in der Kinderzeichnung. Sie ist auf fast jedem Bild anzutreffen, das Kinder zeichnen und malen. Sie tritt mal groß, mal klein, mal mit Strahlen, mal ohne in Erscheinung. Augen, Nase und Mund fehlen selten. Sie hat viele Gesichter. Sie kann weinen, lachen, singen, wütend und trotzig sein oder schlafen. Das Kind malt ihr Gesicht mit dem Ausdruck, so wie es sich im Moment fühlt. Manchmal wird die Sonne auch einfach nur als Zierde in den Himmelsraum der Zeichnung gestellt.

Andreas Itten ist der psychologischen Bedeutung der Sonne in der Kinderzeichnung nachgegangen. Er sagt: «Alle Gefühle der Zuneigung und Abneigung spiegeln sich in den Sonnengesichtern wieder. Es kommen in ihnen Wünsche, Hoffnungen und Ängste zum Ausdruck. Einmal repräsentiert die Sonne die Eltern des Kindes oder die Großeltern, ein andermal ist es die Verbindung einer ganzen Familienatmosphäre, dann wieder kann sie sinnbildlich das kritisierende und kommentierende Ich des Zeichners selbst sein.»

Wir wollen nun aber nicht hingehen und alle Sonnen auf den Kinderzeichnungen analysieren. Freuen wir uns, wenn die Kinder das große Himmelslicht aufs Papier bannen! Denn sie ist ein kraftvolles Symbol der Wandlung. Sie kann Wünsche des Kindes, Geahntes und Gefürchtetes ausdrücken. Darum ist die Sonne in der Kinderzeichnung nicht immer nur ein fröhliches, gütiges Wesen, sie kann manchmal auch brennen und vernichten.

Spielanregungen:

- Wir lassen die Kinder die Sonne mit allen Sinnen erleben. Wir spüren ihre Wärme, ihre Kraft und ihr Licht auf der Haut, der Erde und dem Wasser.
- Wir spielen mit Schatten.
- Wir fangen das Sonnenlicht mit Spiegeln ein und lassen es an Wänden tanzen.
- Wir beobachten einen Sonnenauf- oder Untergang.
- Jetzt malen wir große Sonnenbilder. Nach eigenen Sonnenerlebnissen werden die Bilder der Kinder viel farbiger und lebendiger.

Tane, der Mond und die Sterne

Eine Maorilegende aus Neuseeland,
bearbeitet für Kinder

Vor langer, langer Zeit, als die Sonne am Himmel schien, war es in der Nacht noch dunkel. Die Leute konnten nichts sehen. Sie stießen zusammen, fielen in Bäche und schlugen sich die Köpfe an den Baumstämmen wund. Tane, der Vater des Waldes, sagte: «Wir brauchen auch ein Licht in der Nacht.» Tane schuf den Mond und hängte ihn als Licht in den Himmel der Nacht. Von nun an war bei Vollmond viel Licht auf der Erde. Bei Neumond war es aber immer noch dunkel auf der Erde. Und die Menschen, die durch den Wald gingen, konnten immer noch nichts sehen. Tane sah das und sagte: «Ich will Sterne erschaffen, kleine Lichter für die Nacht.» Und er nahm kleine Lichtfunken von der Sonne und machte daraus die Sterne. Er legte sie in einen Korb und stieg damit zum Himmel hinauf. Dort lag der himmlische Vater auf dem Himmelsgewölbe. Tane begann nun die Sterne zu verteilen. Er hängte sie dem Himmelsvater an den Kopf, an den Hals, an die Schulter, auf die Brust, auf den Bauch, an die Hände und an die Füße. Er verteilte sie über den ganzen Körper des Himmelsvaters. Dann stieg er wieder auf die Erde hinunter. Er schaute sich in der Nacht sein Werk an und war zufrieden. Die Sterne funkelten wunderbar. Jetzt sagen die Erdenkinder im Land der großen weißen Wolke, wenn sie den Vollmond sehen: «Danke, Tane, für das große Licht der Nacht!» Und wenn sie bei Neumond die Sterne funkeln sehen, sagen sie: «Danke, Tane, für die vielen kleinen Lichter der Nacht!»

Der Mond

Ein Märchen der Brüder Grimm

Wissenswertes für die Erzählerin und den Erzähler: In diesem Märchen kommt das Zerstückelungsmotiv gut zur Geltung. Der Mond nimmt ab, «verschwindet» bei Neumond, nimmt wieder zu und leuchtet als runde Scheibe bei Vollmond. Die Nachtfahrt des Mondes hat auch mit der Unterwelt und dem Tod zu tun. Diese zwei Themen sind in Märchen und Mythen immer wieder anzutreffen.

Vor Zeiten gab es ein Land, wo die Nacht immer dunkel und der Himmel wie ein schwarzes Tuch darübergebreitet war, denn es ging dort niemals der Mond auf und kein Stern blinkte in der Finsternis. Bei Erschaffung der Welt hatte das nächtliche Licht nicht ausgereicht. Aus diesem Land gingen einmal vier Burschen auf die Wanderschaft und gelangten in ein anderes Reich, wo abends, wenn die Sonne hinter den Bergen verschwunden war, auf einem Eichenbaum eine leuchtende Kugel stand, die weit und breit ein sanftes Licht ausgoß. Man konnte dabei alles wohl sehen und unterscheiden, wenn es auch nicht so glänzend wie die Sonne war. Die Wanderer standen still und fragten einen Bauern, der da mit seinem Wagen vorüberfuhr, was das für ein Licht sei. «Das ist der Mond», antwortete dieser, «unser Schultheiß hat ihn für drei Taler gekauft und an den Eichenbaum befestigt. Er muß täglich Öl aufgießen und ihn rein erhalten, damit er immer hell brennt. Dafür erhält er von uns wöchentlich einen Taler.»

Als der Bauer weggefahren war, sagte der eine von ihnen: «Diese Lampe könnten wir brauchen, wir haben daheim einen Eichenbaum, der ebenso groß ist, daran können wir sie hängen. Was für eine Freude, wenn wir nachts in der Finsternis nicht herumtappen!» – «Wißt ihr was?» sprach der zweite, «wir wollen Wagen und Pferde holen und den Mond wegführen. Sie können sich hier einen anderen kaufen.» – «Ich kann gut klettern», sprach der dritte, «ich will ihn schon herunterholen.» Der vierte brachte einen Wagen mit Pferden herbei, und der dritte stieg den Baum hinauf, bohrte ein Loch in den Mond, zog ein Seil hindurch und ließ ihn herab. Als die glänzende Kugel auf dem Wagen lag, deckten sie ein Tuch darüber, damit niemand den Raub bemerken sollte. Sie brachten ihn glücklich in ihr Land und stellten ihn auf eine hohe Eiche. Alte und Junge freuten sich, als die neue Lampe ihr Licht über alle Felder leuchten ließ und Stuben und Kammern damit erfüllte. Die Zwerge kamen aus den Felsenhöhlen hervor, und die kleinen Wichtelmänner tanzten in ihren roten Röckchen auf den Wiesen den Ringeltanz.

Die vier versorgten den Mond mit Öl, putzten den Docht und erhielten wöchentlich ihren Taler. Aber sie wurden alte Greise, und als der eine erkrankte und seinen Tod voraussah, verordnete er, daß der vierte Teil des Mondes als sein Eigentum ihm mit in das Grab sollte gegeben werden. Als er gestorben war, stieg der Schultheiß auf den Baum und schnitt mit der Heckenschere ein Viertel ab, das in den Sarg gelegt ward. Das Licht des Mondes nahm ab, aber noch nicht merklich. Als der zweite starb, ward ihm das zweite Viertel mitgegeben, und das Licht minderte sich. Noch schwächer ward es nach dem Tode des dritten, der gleichfalls seinen Teil mitnahm, und als der vierte ins Grab kam, trat die alte Finsternis wieder ein. Wenn die Leute abends ohne Laterne ausgingen, stießen sie mit den Köpfen zusammen.

Als aber die Teile des Mondes in der Unterwelt sich wieder vereinigten, so wurden dort, wo immer Dunkelheit geherrscht hatte, die Toten unruhig und erwachten aus ihrem Schlaf. Sie erstaunten, als sie wieder sehen konnten: das Mondlicht war ihnen genug, denn ihre Augen waren so schwach geworden, daß sie den Glanz der Sonne nicht ertragen hätten. Sie erhoben sich, wurden lustig und nahmen ihre alte Lebensweise wieder an. Ein Teil ging zum Spiel und Tanz, andere liefen in die Wirtshäuser, wo sie Wein forderten, sich betranken, tobten und zankten und endlich ihre Knüttel aufhoben und sich prügelten. Der Lärm ward immer ärger und drang endlich bis in den Himmel hinauf.

Der heilige Petrus, der das Himmelstor bewachte, glaubte, die Unterwelt wäre in Aufruhr geraten, und rief die himmlischen Heerscharen zusammen, die den bösen Feind, wenn er mit seinen Gesellen den Aufenthalt der Seligen stürmen wollte, zurückjagen sollten. Da sie aber nicht kamen, so setzte er sich auf sein Pferd und ritt durch das Himmelstor hinab in die Unterwelt. Da brachte er die Toten zur Ruhe, hieß sie sich wieder in ihre Gräber legen und nahm den Mond mit fort, den er oben am Himmel aufhing.

Die Sonne lud den Mond zum Essen ein

Ein Kindergedicht von Heinrich Hoffmann

Die Sonne lud den Mond zum Essen,
der Mond hat es fast vergessen
und kommt deshalb, wie das so geht,
zu der Frau Sonne viel zu spät.

Die Sonne aber hungert sehr
sie will nicht länger warten mehr
und setzt darum ärgerlich
allein zur guten Suppe sich.

Da klopft es plötzlich an der Tür,
und der Herr Mond tritt fein herfür,
und seine Kinder, die kleinen Stern',
die hätten mitgegessen gern.

Sie trippeln alle mit herein.
Hu – wie erschrickt der Sonnenschein!
Sie trippeln alle mit herein.
Hu – wie erschrickt der Sonnenschein!

Spielanleitung:

Wir zeichnen Sonne, Mond und Sterne auf dickes Zeichenpapier. Sie werden angemalt und ausgeschnitten. Jetzt befestigen wir Sonne, Mond und Sterne an Holzstäben. Das Stabpuppenspiel kann beginnen. Jemand liest vor und die anderen spielen mit ihren Stabpuppen den Text pantomimisch.

Die Sterntaler

Ein Märchen der Brüder Grimm

Wissenswertes für die Erzählerin und den Erzähler: In diesem Märchen spielt der Verzicht eine Rolle. Das Sterntalerkind weiß darum und opfert freiwillig. Es vertraut auf Gott. Am Schluß fallen ihm die Sterne vom Himmel, es wird belohnt. Das Märchen zeigt uns, daß Schenken und Teilen wichtige Sachen sind.

Es war einmal ein kleines Mädchen, dem waren Vater und Mutter gestorben. Es war so arm, daß es kein Kämmerchen mehr hatte, darin zu wohnen, und kein Bettchen mehr, darin zu schlafen, und schließlich gar nichts mehr als die Kleider auf dem Leib und ein Stückchen Brot in der Hand. Es war aber gut und fromm. Und weil es von aller Welt verlassen war, ging es im Vertrauen auf den lieben Gott hinaus ins Feld. Da begegnete ihm ein armer Mann, der sprach: «Ach, gib mir etwas zu essen! Ich bin so hungrig.» Das Mädchen reichte ihm das ganze Stückchen Brot, sagte: «Gott segne dir's!» und ging weiter. Da kam ein Kind, das jammerte und sprach: «Es friert mich so an meinen Kopf. Schenk mir etwas, womit ich ihn bedecken kann!» Da tat das Mädchen seine Mütze ab und gab sie ihm. Als es noch eine Weile gegangen war, kam wieder ein Kind, das hatte kein Leibchen an und fror. Da gab es ihm seines. Und noch weiter, da bat eines um ein Röcklein. Das gab es auch von sich hin. Schließlich gelangte es in einen Wald. Es war schon dunkel geworden, da kam noch eines und bat um ein Hemdlein. Das fromme Mädchen dachte: Es ist dunkle Nacht, da sieht dich niemand; du kannst wohl dein Hemd weggeben. Und es zog das Hemd ab und gab es auch noch hin. Als es so stand und gar nichts mehr anhatte, fielen auf einmal die Sterne vom Himmel und waren lauter harte, blanke Taler. Und ob es gleich sein Hemdlein weggegeben, so hatte es auf einmal ein neues an, und das war vom allerfeinsten Linnen. Da sammelte es die Taler zusammen und war nun reich für sein Lebtag.

Spielanregungen

Wir basteln Scherenschnittsterne zum Verschenken
Wir legen ein quadratisches buntes Papier doppelt zusammen, falten es dann zu einem Dreieck. Nun schneiden wir mit der Schere Muster ein. Papier sorgfältig auseinanderfalten und fertig ist unser Stern. Wir kleben den Stern auf eine Karte und schicken jemandem liebe Sterntalergrüße.

Wer malt einen Sternenhimmel?
Sternenhimmel werden besonders schön auf schwarzem oder dunkelblauem Papier. Sterne sind nicht nur golden, sie funkeln auch weiß, blau, rot und in allen Regenbogenfarben.

Sterntalerspiel im Wald
Im Herbst suchen wir im Wald einen Ahornbaum oder eine Birke mit leuchtendgelben Blättern. Wir setzen uns mit den Kindern unter den gewählten Baum und erzählen das Märchen von den Sterntalern. Die Sterntaler sind in diesem Fall nicht Goldstückchen, sondern die goldenen Blätter. Wir betonen, daß das kleine Mädchen alles verschenkte. Wenn der Wind nicht bläst, dürfen die Kinder an den Zweigen rütteln, bis die Blätter fallen. Wir strecken die Arme nach oben, um den goldenen Segen aufzufangen. Der Blättersegen am Boden verwandelt sich im Winter in Erde, und daraus wächst im Frühjahr neues Leben. Wir machen mit den Kindern kreisrunde Bewegungen mit den Armen. Die Kinder fühlen dabei den Kreislauf von Wachsen, Werden, Vergehen, Sterben und Wiedererwachen im Frühjahr. Mit diesem Spiel lernen die Kinder Sterben und Tod als etwas Natürliches kennen, das sie nicht zu ängstigen braucht, weil ja in diesem Kreislauf neues Leben entsteht.

Von Engeln und Schutzengeln

Wissenswertes über Engel

Das Wort Engel kommt vom griechischen Wort angelos, das soviel heißt wie «der Bote». Die Engel sind Vermittler zwischen Gott und den Menschen, zwischen Himmel und Erde. Sie werden in vielen alten religiösen Schriften als geflügelte Wesen dargestellt, die vom Himmel herabsteigen und die Funktion von göttlichen Boten haben. Die ägyptische Göttin Isis ist Beschützerin, Jungfrau und Mutter. Sie manifestiert sich in der Gestalt eines Engels. Ihre großen, vielfarbigen Schwingen umfangen das All. Bei den Assyrern und Babyloniern waren alle Gottheiten Boten, die vom Himmel auf die Erde herabstiegen, um den Menschen die göttlichen Ideen nahe zu bringen. Auch in Indien und im Tibet kennt man Engel. Die geflügelten Wesen sind nicht nur in der hinduistischen und buddhistischen Mythologie anzutreffen, sondern auch in den Schriften der Sufis, in den Visionen der Schamanen und in den Mythen der Indianer. Auch im Koran, dem heiligen Buch des Islam, werden häufig Engel und Erzengel genannt. Namentlich erwähnt sind Gabriel und Michael.

Die Engel erscheinen immer plötzlich in unserer Welt. Das hebräische Wort für Engelsflügel ist «kaanaf», das heißt nicht nur Flügel, sondern auch Ecke und Kante. Im Deutschen finden wir diese Bedeutung in den «Seiten-Flügeln» eines großen Gebäudes wieder, etwa bei einem Schloß. Die Engel besitzen also die Fähigkeit, plötzlich und gänzlich unerwartet, «um die Ecke» in unsere Welt einzutreten. «Um die Ecke gehen» heißt auch, in eine andere Welt hinüberwechseln oder in eine andere Dimension gehen.

Wir können Engel auch als die Zwischenstufe der Leiter sehen, die vom Menschen zu Gott führt. Die Engel sind dem Göttlichen näher als wir Menschen, doch für uns faßbarer als Gott. Die himmlischen Wesen erscheinen uns im Traum. Sie können aber auch als reale Menschen aus Fleisch und Blut auftreten. Manche zeigen sich nur als Lichtwesen oder werden als innere Stimme wahrgenommen.

Im Alten und im Neuen Testament werden die Engel an insgesamt etwa dreihundert Stellen erwähnt. Abraham und seine Frau Sarah wurden von drei Engeln in Menschengestalt aufgesucht. Sie kündigten der betagten Frau an, daß sie noch einen Sohn gebären werde mit Namen Isaak. In seinem berühmten Traum sah Jakob die Himmelsleiter: «Da träumte er. Und siehe, da war eine Leiter aufgestellt, von der Erde auf, und ihre Spitze reichte an den Himmel; und siehe, die Engel Gottes stiegen daran auf und ab.» Moses erlebte den «brennenden Dornbusch»: «Da erschien ihm der Engel des Herrn in einer Flamme aus dem Busch.»

Im Neuen Testament werden Johannes und Jesus vom Erzengel Gabriel angekündigt. Christus wurde sein Leben lang von Engeln begleitet. Bei seiner Geburt sangen ganze Heerscharen von Engeln auf dem Felde. Joseph erschien ein Engel und sagte: «Stehe auf, nimm das Kind und seine Mutter und fliehe nach Ägypten. Herodes sucht das Kind, um es zu töten.» Als die Gefahr vorüber war, kehrte der Engel zu Joseph nach Ägypten zurück und sprach im Traum zu ihm: «Stehe auf und nimm das Kind und seine Mutter und ziehe in das Land Israel. Denn die, die dem Kind nach dem Leben trachteten, sind tot.» Nach der Kreuzigung und der Auferstehung von Christus erschienen den Frauen am leeren Grab Engel. Als Petrus gefangen saß, sandte Gott einen Engel zu seiner Befreiung. Die Ketten, die ihn fesselten, fielen ab. Dann berührte ihn der Engel und sagte: «Folge mir», und der Jünger folgte ihm.

Auch wir sollten wieder lernen, wachsam und bereit zu sein, unserem Engel zu folgen und der inneren Stimme zu gehorchen. Und wir sollten das Gefängnis der Materie sprengen, damit unsere Seele und unser Geist sich wieder freier bewegen können.

White Eagle, ein spiritueller Lehrer, rät uns: «Versuche in der Stille, die Gegenwart dieser Engelwesen zu spüren, die Musik ihrer Liebe zu hören und den herrlichen Glanz ihrer Gewänder zu schauen. Möge deine Vorstellungskraft dir die Gestalt deines eigenen Schutzengels enthüllen, jenes Boten, der, von Gott gesandt, dir durch alle Erdenerfahrungen hilfreich zur Seite steht. Der Schutzengel ist der Helfer der Seele, sofern die Seele dies wünscht, indem er ihr Führung und Kraft verleiht. Alle wichtigen Erlebnisse im Leben eines Menschen werden durch Engelwesen überwacht. Sowohl die Geburt als auch der Tod liegen in ihren Händen.»

Nach Ambrosius von Mailand, einem Kirchenlehrer aus dem 4. Jahrhundert, sind die Luft, die Erde und das Meer überall erfüllt von Engeln. Die ganze Schöpfung und alle Geschöpfe preisen mit jedem Hauch ihres Atems Gott. In den Himmeln ist ein beständiges Jauchzen, und all die himmlischen Hallen erklingen im großen Chor des Ewigen: «Heilig, heilig, ist der Herr der Heerscharen! Seine Herrlichkeit erfüllet alle Welt!»

Im Alten Testament finden wir im Psalm 91 eine wunderschöne Stelle über die Aufgaben der Engel. Es heißt da:

«Gott hat seinen Engeln befohlen, dich zu beschützen, wohin du auch gehst. Sie werden dich auf Händen tragen, damit du nicht über Steine stolperst.»

Der holländische Schriftsteller und Arzt H. C. Moolenburgh hat sich sehr mit Engeln beschäftigt. Er hat sich die Frage gestellt, wie viele Engel gibt es überhaupt? Er schreibt: «Es gibt eine alte jüdische Lehre, daß jeder Mensch auf seinem Lebensweg von zwei Engeln geleitet wird. Der zur Rechten inspiriert ihn zum Guten und zeichnet die guten Taten auf, der zur Linken stachelt zum Bösen an und zeichnet die schlechten

Taten auf. In der katholischen Kirche ist diese Lehre übernommen worden, aber man spricht dort nicht von dem ‹schlechten Impuls›, sondern von dem ‹Engel, der in Versuchung führt›. Wenn diese Geschichte wahr ist, dann laufen hier auf der Erde doppelt so viele Engel wie Menschen herum, ein Gedanke, der einen schon aus der Fassung bringen kann.»

Als Abschluß dieser Einführungen über Wissenswertes von Engeln möchte ich ein Beispiel zitieren von einem Erwachsenen, der in seiner Kindheit Engel gesehen hat. Das ist gar nicht so selten, wie man annehmen könnte. Denn Kinder haben einen guten Draht zur geistigen Welt.

Die Engel auf dem Bett

Ein 35jähriger Therapeut erzählte mir: «Als ich etwa fünf Jahre alt war, sah ich vor dem Einschlafen immer kleine Engel auf meinem Bett sitzen. Sie trugen wunderschön leuchtende Gewänder und waren herrlich anzusehen. Ich sah sie aber nur mit geschlossenen Augen, in meinem Innern. Da ich mit meinem Bruder im selben Zimmer schlief, hatte ich jeden Abend den gleichen Konflikt. Mein Bruder wollte mit mir im Dunkeln noch sprechen. Doch jedesmal, wenn ich mit ihm sprach, verschwanden die Engel. So hatte ich das große Problem, meinen Bruder traurig zu machen oder die Engel zu verscheuchen. Ich stellte mich oft schlafend, damit ich die Engel länger ansehen konnte.»

Mein Schutzengel spricht mit mir

«Hallo, ich bin dein Schutzengel. Höre mir bitte einen Moment zu. Du kannst mich nicht sehen, doch ich bin da. Ich stehe ganz nah bei dir. Du kannst mich fühlen, wenn du willst. Schließe deine Augen, dann spürst du mich deutlicher. Vielleicht fühlst du ein bißchen Wärme, ein bißchen Wohligkeit, ein bißchen Geborgenheit, dann weißt du, ich bin es! Ich paß auf dich auf. Ich beschütze dich und schaue, daß dir nichts passiert.

Ich sehe ähnlich aus wie du. Ich habe auch einen Körper, nur ist der viel feiner als deiner. Ich bin durchsichtig. Als Schutzengel bin ich dein Bote, von Gott gesandt. Bevor du hier auf diese Erde kamst, waren wir zusammen im Himmel. Wir spielten wie Zwillinge. Gemeinsam hatten wir viel Freude und Spaß. Wir bestaunten die himmlischen Blumen mit ihren wunderbaren Farben. Wir tanzten durch die himmlischen Paläste aus Gold und Edelsteinen. Wir tranken Wasser aus himmlischen Brunnen. Wir sangen im Chor der Engel.

Im Himmel heiße ich Metathron. Ich habe diesen Namen, weil ich vor dem Thron Gottes stehe. Ich singe und erzähle ihm von dir. Ich führe ein Tagebuch, in das ich jeden Tag etwas schreibe oder zeichne aus deinen Leben. Gleichzeitig bin ich immer in deiner Nähe. Wie ich das mache, ist mein Geheimnis.

Wenn du willst, kannst du mir einen eigenen Namen geben. Schließe deine Augen und atme ruhig durch. Fühle mich und warte, bis dir ein Name einfällt. Ich liebe Namen wie: Himmelblau, Rosenduft, Goldhaar, Silberstern oder Sonnenblume. Ich bin gespannt, welcher Name dir einfällt. Ich lasse mich überraschen. Wenn du einen schönen Namen erfunden hast, schreibe ihn mit goldenen Buchstaben auf ein Blatt Papier, damit du ihn nie mehr vergißt. Jedesmal wenn du meinen neuen Namen sagst, kannst du mich fühlen. Ich bin da und helfe dir. Du kannst mich rufen bei allem, was du tust: Abwaschen, Aufräumen, Aufgaben machen, Spielen mit den Puppen, Spielen im Wald und mit den Zwergen. Alles was du tust, interessiert mich. Meine Stimme ist ganz leise. Du kannst sie nur im Herzen hören. Wenn du auf mich achtgibst, ersparst du dir viel Ärger.
Denn ich sage manchmal Sachen zu dir wie:
Renn nicht über die Straße, damit du nicht unter das Auto kommst.
Klettere nicht auf diesen Baum, denn seine Äste sind morsch.
Ärgere deinen Nachbarn nicht, sonst ist er traurig.
Zieh die Katze nicht am Schwanz, das tut ihr weh.
Vergiß nicht Flöte zu spielen. Ich liebe Musik.
Deine Gedanken des Dankes, der Fragen und Bitten erreichen mich sofort.
Denn ich kann manchmal bei dir Gedanken lesen wie:

Lieber Schutzengel, ich danke dir, daß du da bist und mich beschützt.
Lieber Schutzengel, zeige mir, worauf ich heute achten soll.
Lieber Schutzengel, zeige mir, womit ich heute meiner Mutter Freude machen kann.
Lieber Schutzengel, hilf mir, daß mich die Kinder im Kindergarten nicht auslachen.
Lieber Schutzengel, mach, daß mich der Hund nicht beißt.
Lieber Schutzengel, hilf mir beim Diktat.
Ich werde dir, wenn möglich, antworten und helfen, denn ich bin dein Schutzengel und hab dich lieb. Aber es funktioniert nur, wenn du lernst auf mich zu hören. Du mußt auf deine innere Stimme achten. Du wirst sehen, wir zwei werden immer bessere Freunde.»

Spielanregungen:

Wie sieht mein Schutzengel aus?
Wir sprechen mit unserem Kind über seinen Schutzengel und lassen uns erzählen, wie es ihn fühlt und wie es ihn sieht. Es kann auch seine Farben beschreiben oder seine Lieblingsmusik singen. Vielleicht hat es Lust, seinen Schutzengel zu zeichnen. Es darf den Engel bunt ausmalen und nachher ausschneiden. Wir heften ihn über seinem Bett an die Wand, damit er die Träume bewacht.

Wir spielen das Engelnamenspiel
Wir zünden eine Kerze an und schauen in das Licht. Wir schließen die Augen und stellen uns vor, daß wir das Licht einatmen. Beim Ein- und Ausatmen füllt sich nach und nach unser Körper mit Licht. Wir versuchen nun unseren Schutzengel zu spüren und bitten, daß uns ein schöner Name einfällt für ihn. Wenn wir den Namen gefunden haben, malen wir ihn in unserer Phantasie an den Himmel mit einem dicken Pinsel und goldener Farbe. Unser Schutzengel liest den Namen und weiß nun, wie er heißt. Von jetzt an können wir ihn jederzeit mit seinem Namen rufen, und er wird dasein.

Das Geheimnis des Kopfkissens
In der Bibel steht: «Den Seinen gibt's der Herr im Schlaf.» Das heißt,

wenn wir schlafen, arbeiten die Engel mit unserer Seele. Wir können im Schlaf viel lernen. Manchmal zeigen die Engel uns Antworten, Fragen oder Probleme in einem Traum. Darum ist es schön, wenn wir am Morgen am Familientisch mit unseren Kindern über die Träume sprechen.

Kindern kann es eine große Hilfe sein zu wissen, daß Gegenstände unter dem Kopfkissen über die Nacht wirken. Wenn das Kind nicht schlafen kann, legen wir ihm zum Beispiel einen Amethyst oder einen Türkis unter das Kopfkissen. Wir erzählen dem Kind, daß das Zaubersteine sind, die uns helfen, gut einzuschlafen. Zauber-Schlafsteine helfen immer!

Die geheime Kraft des Kopfkissens wirkt auch bei einem Diktat oder einer Probe. Wenn das Kind sein Schulheft oder sein Schulbuch nach dem Lernen unters Kopfkissen legt, hilft ihm sein Schutzengel, daß es über Nacht den Inhalt des Gelernten besser aufnimmt. Es wird dann die Aufgabe am nächsten Tag in der Schule besser bestehen.

Wenn ein Kind ins Krankenhaus muß, hilft ihm ein Gegenstand von der Mutter oder vom Vater, den es unter das Kissen legen kann. Ein Halstuch genügt, ein Armreif oder irgend etwas anderes, das nach zu Hause riecht. Die Gegenstände helfen, das Heimweh zu vertreiben.

Wir modellieren einen Engel aus Ton
Wir brauchen einen Klumpen Ton, den kneten wir gut durch und formen dann einen Engel daraus. Der Körper wird kegelförmig modelliert, oben ziehen wir den Kopf heraus und formen eine Krone. Am Rücken lassen wir Flügel wachsen. Vorne auf dem Bauch ziehen wir die Arme heraus und drücken eine Mulde hinein, damit wir später da eine Kerze einstecken können. Nun lassen wir den Ton trocknen. Wenn er trocken ist, wird der Engel bunt

bemalt. Die Krone streichen wir mit Goldbronze an. Auch die Flügel bemalen wir golden. Das Kleid und den Mantel verzieren wir mit goldenen Punkten und Sternen. Unser Engellicht leuchtet sanft zur Gute-Nacht-Geschichte. Auch als Tischdekoration sieht unser Engel wunderschön aus.

Wir basteln ein Engelkartenspiel
Wir erfinden Engelnamen wie: Freude, Humor, Liebe, Frieden, Zärtlichkeit usw. Wir besprechen mit den Kindern, was diese Engel alles tun können. Die Kinder zeichnen dann je einen Engel auf eine Karte. Wir schreiben seinen Namen dazu. Mit der Zeit werden es immer mehr Engel. Vielleicht kommt noch ein Geschichtenengel dazu, ein Liederengel und ein Bilderbuchengel. Wir legen die Engelkarten auf einen Teller und bedecken ihn mit einem Tuch. Beim Frühstück oder in einem ruhigen Moment des Tages darf sich jedes Familienmitglied eine Engelskarte ziehen. Und dieser Engel, vielleicht ist es «Humor» oder «Geduld», begleitet uns durch den Tag. Wir achten darauf, was der Engel uns alles sagen will und was er alles mit uns macht. Am Abend können wir dann darüber sprechen.

Die Geschichte von Gott, der sich vor Freude wünschte, Viele zu werden

Wissenswertes für die Erzählerin und den Erzähler: Manche Erwachsene tun sich schwer mit der Schöpfungsgeschichte. Wenn wir sie als Symbol verstehen und lesen wie die innern Bilder der Märchen, entspricht sie sehr wohl den heutigen wissenschaftlichen Erkenntnissen. Im Johannes-Evangelium steht: «Am Anfang war das Wort, und das Wort war bei Gott, und Gott war das Wort.» Die Schöpfungsgeschichte beginnt mit dem Befehl Gottes: «Es werde Licht!» Gott schuf die Welt mit Klang und Licht. Auch der neueste Stand der Wissenschaft läßt das All aus Klang und Licht entstehen. Wir müssen uns geballte Lichtenergie von unvorstellbarer Dichte denken. Diese Ur-Kugel soll vor rund 13–15 Milliarden Jahren explodiert sein.

Eines Tages flog das Bärenfell mit Su direkt in den siebten Himmel. Durch das Wolkentor konnte Su den Lieben Gott sehen. Er sah aus wie die Sonne. Er strahlte in unbeschreiblich schönem weißem Licht. Er leuchtete wie die unendliche Liebe, die absolute Weisheit und die göttliche Allmacht. Su war überwältigt von soviel Schönheit. Es wurde ihr so wohl ums Herz, daß ihr vor Freude Tränen über die Wangen kullerten.

Gott sah sie an und sprach: «Du darfst mir eine Frage stellen.» Su überlegte einen Moment, was sie den Lieben Gott fragen wollte. Dann fragte sie: «Wie hast du die Erde erschaffen?» Und Gott sprach zu Su: «Weißt du, *ich bin der Gott, der sich vor Freude wünschte, Viele zu werden!* In mir drinnen singt und tanzt ein ewiges Lied. Also begann ich zu singen. Ein Ton hallte durch das All. Da wurde das Licht geboren.

Weil ich nicht alles alleine machen wollte, halfen mir die heiligen Erzengel dabei. Schau, aus meinen Händen fließen Regenbogenfarben. In den Regenbogenfarben wirken die heiligen Erzengel. Auch die Erzengel haben Hände zum Arbeiten. Ihre verlängerten Finger sind die Engel. Und den Engeln helfen die Feen, Elfen, Zwerge, Wasser- und Feuerwesen. So entstanden Tag und Nacht, Wasser und Erde und alles, was grünt und wächst, blüht und Früchte trägt. Dann erschuf ich das Himmelszelt mit dem Mond und den Sternen. Im Wasser begann es zu wimmeln von lebenden Wesen, und die Vögel am Himmel fingen an zu fliegen. Und dann entstanden die Tiere, die auf und in der Erde leben.

Wenn du genau hinhörst, Su, wirst du in jedem Gegenstand der Erde eine leise Musik hören. Das Lied meiner Schöpfung singt in allem. Wenn du achtsam bist, spürst du in jedem Ding und in jedem Wesen meinen göttlichen Funken.

Als Gott, der sich vor Freude wünschte, Viele zu werden, wollte ich auch ein Wesen schaffen, das aussah wie ich. Also formte ich aus Erde ein Wesen mit einem Kopf, mit Armen, Händen, Rücken, Bauch, Beinen und Füßen. Ich gab dem Tonklumpen die Form des Menschen. Ich hauchte dem leblosen Wesen meinen Atem ein, und es lebte. So ist es geblieben. Bei jedem Atemzug nimmst du einen Teil meines göttlichen Atems auf. Du bist durch das Ein- und Ausatmen mit meinem ewigen Lied verbunden.»

Das Wolkentor schloß sich. Su glitt mit ihrem Bärenfell über den Regenbogen auf die Erde hinunter. In den sieben Regenbogenfarben begleiteten sie die heiligen Erzengel auf ihrer Reise. Der fliegende Teppich landete mit Su hinter dem Haus in ihrem Rosengarten.

Zum Erstaunen des Mädchens stellten sich die Erzengel um sie herum in einem Kreis auf. Vor ihr stand ein Erzengel in einem leuchtend grünen Kleid. Er verbeugte sich leicht und sagte zu Su: «*Ich bin der Erzengel Sandalphon.* Vor langer Zeit wurde mir dieser Name in Griechenland gegeben. Sandalphon heißt ‹Der, der Sandalen trägt›. Weißt du, ich eile mit meinen Sandalen leichtfüßig über die Erde und trage den Kopf im Himmel. Ich bin der Erzengel der Erde. Darum liebe ich alles, was grünt und blüht. Ich bin der Gärtner Gottes. Ich bin zuständig für alle Steine, Kristalle, Pflanzen und Bäume. Wenn du einen Windhauch spürst und siehst, wie die Blätter an den Bäumen tanzen und sich das Gras hin und her wiegt, dann weißt du, ich bin in deiner Nähe!» Sandalphon legte als Zeichen für seinen Besuch bei Su einen Kristall und einen Zweig mit grünen Blättern auf ihr Bärenfell.

Als nächster begrüßte Erzengel Michael Su. Er trug ein wunderbar rotes Kleid. Er stellte sich mit den Worten vor: «*Mein Name ist Michael*. Ich bin der Erzengel des Feuers. Ich bin der Prinz des Lichtes, der glorreiche Sonnenfürst. Ich lodere in jedem Feuer. Ich lebe auch in jedem Blutstropfen von dir. Ich gebe dir Wärme.» Dann zeigte er Su sein Licht-Schwert. Er sagte: «Ich bin auch der Drachentöter. Mit diesem Schwert besiege ich alles Böse. Ich beschütze dich. Ich hülle dich in Licht und bin dein Schutzherr. Ich bin auch der Anführer der himmlichen Heerscharen. Ich war auf dem Felde der Hirten dabei, als das Christkind geboren wurde und wir alle sangen:

> Ehre sei Gott in der Höhe
> und Frieden auf Erden
> und allen Menschen ein Wohlgefallen,
> die guten Willens sind.

Michael legte Su ein kleines Licht-Schwert vor die Füße. «Wenn du in Not bist und dich Drachen angreifen, dann rufe mich um Hilfe an oder vertreibe sie mit meinem Licht-Schwert.»

Jetzt trat der Erzengel Gabriel vor Su hin. Er trug ein glänzendes blaues Kleid. Er verneigte sich und sagte: «*Ich bin der Erzengel Gabriel*. Gabriel ist ein hebräischer Name und heißt ‹Der Starke Gottes›. Ich bin der Erzengel des Wassers und der Liebe. Unter meiner Aufsicht findet jede Seele ihre Familie. Ich kündige die Geburt besonderer Kinder an. Ich durfte Maria den göttlichen Plan von der Geburt des Jesuskindes erzählen. Wasser ist mein Element, ich lebe in

jedem Wassertropfen des Meeres, der Seen und der Flüsse. Ich bin aber auch in jedem Wassertropfen, der in deinem Körper fließt!» Der Erzengel Gabriel legte Su eine wunderschöne Muschel, gefüllt mit Wasser, auf den Teppich.

Danach zeigte sich eine leuchtend violette Engelsgestalt. Sie sagte zu Su: «*Ich bin der Erzengel Raphael*. Mein Name bedeutet: ‹Die Heilkraft Gottes›. Ich bin der Arzt Gottes. Ich helfe allen Kranken, daß sie wieder gesund werden. Ich beschütze aber auch die Ärzte, die Krankenschwestern und alle Mütter, die ihre kranken Kinder pflegen. Wenn du einmal krank bist, wenn du Kopfweh hast, Ohrenweh oder Bauchschmerzen, dann rufe mich und ich helfe dir!» Der Erzengel Raphael legte Su als Geschenk ein Zeichen hin. Dieses sah aus wie ein Kreuz, das oben einen Ring hat. Su fragte den Engel: «Was bedeutet dieses Kreuz?» Raphael antwortete: «Das ist ein uraltes Zeichen. Es wurde vor langer, langer Zeit in Ägypten gebraucht. Es heißt ANKH. Es ist das Zeichen des ewigen Lebens, das Zeichen des Atems Gottes. Und wer im Atem Gottes lebt, der ist gesund.»

Als letzter Erzengel kam Uriel zu Su. Er trug ein silberweißes Kleid. Er verneigte sich leicht und sagte: «*Ich bin der Erzengel Uriel*. Mein Name bedeutet ‹Ich bin die Leuchte des Herrn›. Wenn du Angst hast und zweifelst, flüstere ich dir Hilfe ins Ohr. Ich bringe dir auch Frieden und Harmonie.» Uriel legte Su zur Erinnerung an dieses Gespräch einen silbern glänzenden Stern auf ihr Bärenfell.

Die Erzengel haben Su dieses Geheimnis verraten: «Wir sind immer in deiner Nähe, auch wenn du uns nicht siehst. Du kannst uns jederzeit rufen, wir helfen dir gerne. Du brauchst nur unsere Namen zu sagen oder an unsere Geschenke zu denken, und wir sind an deiner Seite.» Su bedankte sich bei den Erzengeln: «Habt vielen, vielen Dank für die wunderbaren Gaben. Ich werde sie hüten als kostbaren Schatz.»

Die Erzengel schwebten über den Regenbogen wieder zurück in den Himmel. Die Farben des Regenbogens lösten sich auf. Su saß auf ihrem Teppich und bewunderte die himmlischen Geschenke. Sie nahm jedes einzeln in ihre Hände und betrachtete es still:

– den silbern glänzenden Stern von Uriel,
– das Zeichen des ewigen Lebens von Raphael,
– die mit Wasser gefüllte Muschel von Gabriel,
– den Kristall und den Blätterzweig von Sandalphon,
– und das Licht-Schwert von Michael.

Spielanregungen:

Wir schließen die Augen und spüren der Geschichte nach. Welcher Erzengel spricht dich am meisten an? Welche der himmlischen Gaben möchtest du selber haben? Wer zeichnet die Erzengel und ihre Farben?

Unsere Engelgalerie
Eröffnen Sie mit Ihren Kindern eine Engelgalerie. Sammeln Sie Kunstkarten mit Engeln aus allen Epochen. Schöne Bildkarten sind in jedem Kunstmuseum zu finden: Engel aus Kirchenmalereien, Mosaiken und Fresken. Wir begegnen auch Erzengeln auf Ikonen und himmlischen Wesen, die auf Altarflügeln abgebildet sind. Paul Klee hat wunderschöne Strichzeichnungen von modernen Engeln gemacht. Anthroposophische Maler stellen Engel und Erzengel in duftigen Farben dar. Kleine Sammlerinnen und Sammler freuen sich an Engeln, die Postkartengrüße aus dem In- und Ausland vermitteln.

Wir bauen eine Ecke zum Staunen
Die Kinder bauen sich einen Platz zum Staunen. Der kann auf einer Fensterbank, einem Bücherbrett oder einer Kommode sein. Die Karte mit dem Lieblingsengel steht in der Mitte. Darum herum wird mit Steinen, Kristallen, Blumen oder anderen «wertvollen» Gegenständen dekoriert. Wir legen auch Sachen dazu, die wir auf unseren Spaziergängen finden: bunte Blätter, Tannenzapfen, Schneckenhäuser. Die Ecke verändert sich je nach Jahreszeit und paßt sich dem jeweiligen Alter der Kinder an. Wir setzen uns ab und zu ein paar Minuten davor und betrachten schweigend die schönen Dinge.

Der Engel

Ein Märchen von Hans Christian Andersen

Wissenswertes für die Erzählerin und den Erzähler: Hans Christian Andersen ist mit diesem Märchen «Der Engel» eine wunderbare Geschichte zum «Tod» oder dem «Hinübergehen» gelungen. Er erzählt in kindgerechter Form vom Leben der Seele nach dem Tode. Wenn ein Kind aus dem Bekanntenkreis stirbt, kann das Märchen den andern in ihrer Trauer viel Trost spenden. Es eignet sich auch zum Erzählen, wenn die Frage nach dem Tod und dem Leben danach spontan bei Kindern auftaucht.

«Jedesmal, wenn ein Kind stirbt, kommt ein Engel Gottes auf die Erde nieder, nimmt das tote Kind in seine Arme, breitet die großen, weißen Flügel aus, fliegt überall dorthin, wo das Kind gern gewesen ist, und pflückt eine ganze Hand voll Blumen, die er zu Gott hinaufträgt, wo sie noch schöner blühen als auf Erden. Der liebe Gott drückt alle Blumen an sein Herz, aber die Blume, die ihm am liebsten ist, der gibt er einen Kuß, und dann erhält sie eine Stimme und kann in der großen Glückseligkeit mitsingen.»

Seht, all dies erzählte mir ein Engel Gottes, als er gerade ein totes Kind zum Himmel hinauftrug, und das Kind hörte es wie im Traum; und sie flogen überall dorthin im Hause, wo das Kleine gespielt hatte, und sie kamen durch Gärten mit herrlichen Blumen.

«Welche wollen wir mitnehmen und im Himmel einpflanzen?» fragte der Engel. Und da stand ein schlanker, herrlicher Rosenstrauch, aber eine böse Hand hatte den Stamm geknickt, so daß alle Zweige voll von großen, halberschlossenen Knospen ringsum welk herniederhingen. «Der arme Strauch!» sagte das Kind, «nimm ihn mit, damit er droben bei Gott wieder blühen kann!»

Und der Engel nahm ihn mit, küßte aber das Kind dafür, und das Kleine öffnete halb seine Augen. Sie pflückten von den reichen Prachtblumen, nahmen aber auch die verachtete Ringelblume und das wilde Stiefmütterchen.

«Nun haben wir Blumen!» sagte das Kind, und der Engel nickte, aber sie flogen noch nicht zu Gott empor. Es war Nacht, es war ganz still, sie blieben in der großen Stadt, sie schwebten durch eine der engsten Straßen, wo ganze Haufen von Stroh, Asche und Gerümpel lagen, es war Umzug gewesen; hier lagen Scherben von Tellern, Gipsklumpen, Lumpen und alte Hutköpfe, lauter Dinge, die nicht schön aussahen.

Und der Engel zeigte inmitten all der Vergänglichkeit auf ein paar Scherben eines Blumentopfes und auf einen Klumpen Erde, der aus diesem herausgefallen war und von den Wurzeln einer großen verwelkten Feldblume zusammengehalten wurde, die auf die Straße geworfen worden war.

«Die nehmen wir mit!» sagte der Engel. «Ich erzähle dir davon, während wir fliegen.»

Und dann flogen sie, und der Engel erzählte:

«Dort unten in der engen Straße, in dem niedrigen Keller, wohnte ein armer, kranker Junge; von klein auf war er immer bettlägerig gewesen; wenn es am allerbesten ging, konnte er auf Krücken ein paarmal in der kleinen Stube auf und nieder gehen, das war alles. Im Sommer fielen die Sonnenstrahlen an einigen Tagen für eine halbe Stunde in den Kellergang, und wenn dann der kleine Junge dort saß und sich von der warmen Sonne bescheinen ließ und das rote Blut durch seine feinen Finger sehen konnte, die er vors Gesicht hielt, dann hieß es: ‹Ja, heute ist er draußen gewesen!› – Er kannte den Wald in seinem schönsten Frühlingsgrün nur daher, daß des Nachbars Sohn ihm den ersten Buchenzweig brachte, und den hielt er sich über den Kopf und träumte dann, er sei unter den Buchen, wo die Sonne schien und die Vögel sangen. An einem Frühlingstag brachte der Nachbarssohn ihm auch Feldblumen mit, und unter diesen war zufällig eine, die noch Wurzeln hatte, und deshalb wurde sie in einen Blumentopf gepflanzt und ins Fenster dicht neben dem Bett gestellt. Und die Blume war von einer glücklichen Hand gepflanzt worden, sie wuchs an, sie schoß neue Triebe und blühte Jahr um Jahr; sie wurde der schönste Garten für den Jungen, sein kleiner Schatz auf dieser Erde, er begoß sie und pflegte sie und sorgte dafür, daß sie jeden Sonnenstrahl bekam bis zu dem letzten, der über das niedrige Fenster hinwanderte; und die Blume selber wuchs in seine Träume hinein, denn sie blühte für ihn, verbreitete ihren Duft und ergötzte das Auge; ihr wandte er sich im Tode zu, als der Herrgott ihn rief. – Seit einem Jahr ist er nun bei Gott, ein Jahr hat die Blume vergessen im Fenster gestanden und ist verwelkt und darum beim Umzug auf den Kehricht der Straße geworfen worden. Und diese Blume ist es, die arme, welke Blume, die wir mit in den Strauß genommen haben, denn diese Blume hat mehr Freude verbreitet als die reichste Blüte im Garten einer Königin.»

«Aber woher weißt du dies alles?» fragte das Kind, das der Engel zum Himmel hinauftrug.

«Ich weiß es!» sagte der Engel. «Ich bin ja selbst der kranke kleine Junge gewesen, der auf Krücken ging! Meine Blume werde ich doch erkennen!» Und das Kind öffnete die Augen ganz und sah in das liebliche, heitere Gesicht des Engels, und im selben Augenblick waren sie in Gottes Himmel, wo Freude und Glückseligkeit herrschten. Und Gott drückte das tote Kind an sein Herz, und da bekam es Flügel wie der andere Engel und flog Hand in Hand mit ihm; und Gott drückte all die Blumen an sein Herz, aber die arme, welke Feldblume küßte er, und sie erhielt eine Stimme und sang mit allen Engeln, die Gott umschwebten, manche ganz nahe, andere in großen Kreisen um diese herum, immer weiter fort ins Unendliche, aber alle waren sie glücklich. Und alle sangen sie, groß und klein, das gute, liebe Kind und die arme Feldblume, die welk auf dem Kehricht gelegen hatte, unter allem Umzugsgerümpel in der engen, düstern Straße.

Von der Geburt bis zum Tode begleiten uns Geistwesen

Das nachfolgende Zitat stammt von der Schweizer Ärztin Dr. Elisabeth Kübler-Ross. Sie hat in ihrer jahrelangen Arbeit viele Erfahrungen gesammelt mit sterbenden Menschen, Engeln und Wesen aus der geistigen Welt.

«Was die Kirche den kleinen Kindern hinsichtlich ihrer Schutzengel erzählt, beruht auf Tatsachen, denn es ist bewiesen, daß jeder Mensch von seiner Geburt bis zu seinem Tod von Geistwesen begleitet wird. Jeder Mensch hat solche Begleiter, ob Sie daran glauben oder nicht, ob Sie Jude oder Katholik oder ohne Religion sind, spielt überhaupt keine Rolle. Denn jene Liebe ist bedingungslos, weshalb ein jeder Mensch dieses Geschenk eines Begleiters erhält. Es handelt sich um jene Begleiter, die meine kleinen Kinder ‹Spielgefährten› nennen. Ganz kleine Kinder sprechen mit ihren ‹Spielgefährten› und sind sich dessen ganz bewußt. Doch sobald sie in die erste Klasse kommen, sagen ihre Eltern zu ihnen: ‹Du bist jetzt ein großer Bub. Du gehst nun in die Schule. Jetzt macht man nicht mehr solche kindischen Spiele.› Somit vergißt man, daß man ‹Spielgefährten› hat, bis man auf dem Sterbebett liegt. Und dann sagt plötzlich eine sterbende alte Frau zu mir: ‹Hier ist er wieder.› Und weil ich weiß, von was sie spricht, frage ich diese Frau, ob sie mit mir das soeben Erlebte teilen könne. Alsdann erklärte sie mir: ‹Ja, wissen Sie, als ich ein ganz kleines Kind war, befand er sich immer bei mir. Aber ich habe ganz vergessen, daß er überhaupt existiert.› Und einen Tag später stirbt sie ganz beglückt, daß jemand, der sie unsagbar gern gehabt hatte, wieder auf sie wartet.»

Literaturhinweise

AÏVANHOV, OMRAAM MIKHAËL: *Die geometrischen Figuren und ihre Sprache.* Prosveta Verlag, Fréjus Cédex 1989.

BAUER, WOLFGANG; DÜMOTZ, IRMTRAUD; GOLOWIN, SERGIUS: *Lexikon der Symbole.* Mythen, Symbole und Zeichen in Kultur, Religion, Kunst und Alltag. Wilhelm Heyne Verlag, München 1987.

BENEDIKT, HEINRICH E.: *Kabbala,* Band 1 + 2. Verlag Hermann Bauer KG, Freiburg i. Br. 1988.

BETTELHEIM, BRUNO: *Kinder brauchen Märchen.* Deutsch von Liselotte Mickel und Brigitte Weitbrecht. Deutsche Verlags-Anstalt GmbH, Stuttgart 1977.

BOPP, JUDIE; BOPP, MICHAEL; BROWN, LEE; LANE, PHIL: *Der heilige Baum – Ein indianisches Weisheitsbuch.* Deutsch von Vroni und Peter Hegi. Walter-Verlag AG, Olten 1990.

BURKHARD, URSULA: *Karlik, Begegnung mit einem Elementarwesen.* Werkgemeinschaft Kunst und Heilpädagogik, D-Weissenseifen 1987.

CARROLL, DAVID: *Laßt die Kinderseele wachsen.* Ein Elternbuch der spirituellen Erziehung. Deutsch von Angela Roethe. Hermann Bauer Verlag, Freiburg i. Br. 1993.

DHYANI, YWAHOO: *Am Feuer der Weisheit.* Lehren der Cherokee Indianer. Deutsch von Peter Hübner. Theseus Verlag Zürich 1988.

FRAIBERG, SELMA: *Die magischen Jahre.* rororo 6794. Rowohlt Taschenbuch Verlag, Reinbek bei Hamburg 1972.

GEIGER, RUDOLF: *Märchenkunde.* Mensch und Schicksal im Spiegel der Grimmschen Märchen. Urachhaus Verlag, Stuttgart 1982.

GIOVETTI, PAOLA: *Engel – die unsichtbaren Helfer der Menschen.* Deutsch von Giovanni Bandini und Ditte König. Ariston Verlag, Genf/München 1991.

GRAF, ROSMARIE: *Energiearbeit mit Kindern und Jugendlichen.* Diplomarbeit als Heilpädagoge, Universität Basel 1994.

HAGEMANN, ERNST: *Weltenäther – Elementarwesen – Naturreiche.* Verlag Die Kommenden, Freiburg i. Br. 1973.

HALBFAS, HUBERTUS: *Religionsunterricht in der Grundschule,* Lehrerhandbuch 1 + 2. Patmos Verlag, Düsseldorf 1983 + 1984.

HARTMANN, WALTRAUD; HEGINGER, WALTER; RIEDER, ALBERT: *Buch – Partner des Kindes.* Wissenswertes über Bücher für die ersten acht Lebensjahre. TV-Verlagsunion, München 1978.

HAWKEN, PAUL: *Der Zauber von Findhorn.* München 1980.

ITTEN, ANDREAS: *Die Sonne in der Kinderzeichnung und ihre psychologische Bedeutung.* Zug 1974.

KÜBLER-ROSS, ELISABETH: *Über den Tod und das Leben danach.* Deutsch von Tom Hockemeyer. Die Silberschnur, Melsbach 1989.

LECHNER-KNECHT, SIGRID: *Die Hüter der Elemente – Das geheimnisvolle Reich der Naturgeister.* Verlag Clemens Zerling, Berlin 1989.

MACLEAN, DOROTHY: *Du kannst mit den Engeln sprechen.* Deutsch von Dr. Dorothea und Dietrich S. Aquamarin, Grafing 1990.

MAORI LEGENDS. Retold by Ron Bacon, Shortland Publications 1984, Auckland, New Zealand.

MAORI MYTHS AND TRIBAL LEGENDS. Retold by Antony Alpers, Longman Paul Ltd, Auckland 1964, New Zealand.

MASCHWITZ, GERDA UND RÜDIGER: *Stille-Übungen mit Kindern.* Ein Praxisbuch. Kösel-Verlag, München 1993.

MOOLENBURGH, DR. MED. H.C.: *Engel als Beschützer und Helfer des Menschen.* Deutsch von Felicitas Schätzl. Verlag Hermann Bauer KG, Freiburg i. Br. 1985.

MUTHS, CHRISTA: *Farbtherapie. Mit Farben heilen – der sanfte Weg zur Gesundheit*. Wilhelm Heyne Verlag, München 1989.

RUF, OSKAR: *Die esoterische Bedeutung der Märchen. Zum Menschenbild in den Königs- und Zaubermärchen*. Knaur Verlag, München 1992.

SAUTTER, CHRISTIANE: *Dein Engel und du*. ch. falk-verlag, 1988

SCHENKBIER, BARBARA: *Das Geheimnis der Quelle, ein Yogamärchen*. Verlag Via Nova, D-Petersberg 1988.

SCHOLL, LISETT: *Das Augenübungsbuch*. Deutsch von Wolfgang Gillesen und Elimar Orlopp. rororo 7881, Rowohlt Verlag, Reinbek bei Hamburg 1995.

STÖCKLIN, SUSANNE: *Spielen und Sprechen*. CH: Verlag Pro Juventute, Zürich 1995. D: Ravensburger Buchverlag, Ravensburg 1995.

SUMMER RAIN, MARY: *Mutter Erde, Vater Wind und die Geheimnisse des Lebens. Spirituelles Wissen für Kinder*. Deutsch von Christine Bender. Hermann Bauer Verlag, Freiburg i. Br. 1991.

SWAMI SIVANANDA RADHA: *Geheimnis Hatha-Yoga. Symbolik – Deutung – Praxis*. Deutsch von Luise Kösling. Hermann Bauer Verlag, Freiburg i. Br. 1994.

WHITE EAGLE: *Naturgeister und Engel*. Deutsch von Walter Ohr, Aquamarin Verlag, D-Grafing 1993.

Quellenangaben

ANDERSEN, HANS CHRISTIAN: «Der Engel» aus: *Sämtliche Märchen in zwei Bänden*. © 1996 Artemis & Winkler Verlag, Düsseldorf und Zürich, © der Übersetzung 1959.

BOLLIGER, MAX: «Sonnengesang des Bruders Franz», bearbeitet für Kinder. aus: Max Bolliger, *Euer Bruder Franz*. © Max Bolliger, CH-Hutten.

GRIMM, GEBRÜDER: «Die Wichtelmänner», «Der Mond», «Die Sterntaler» aus: *Kinder- und Hausmärchen*. Manesse Verlag.

KRUSE, MAX: «Von der Tür» aus: Max Kruse, *Warum ... Kleine Geschichten von großen Dingen*. Erstmalig erschienen 1980 im Deutschen Taschenbuch Verlag, München. © 1980 Max Kruse, c/o Deutscher Taschenbuch Verlag.

STÖCKLIN-MEIER, SUSANNE: «Das Zwergenreich auf der anderen Seite der Welt», «Die Sonne in der Erdmitte», «In der Zwergenschule», «In der Kristallhöhle», «Die sieben Mütter des Bergkristalls», «Das Wolkenhaus und die Regentropfenmusikanten», «Bergseen sind Ferienorte für Delphine», «Su und der Sonnenengel», «Mein Schutzengel spricht mit mir», «Die Geschichte von Gott, der sich vor Freude wünschte, Viele zu werden».

VAN DER POST, LAURENS: «Die Geschichte vom Korb mit den wunderbaren Sachen», Nacherzählung von *The creative pattern in primitive Africa*. Eranos Jahrbuch 1956, Zürich 1957.

WALTER, GISELA: «Feuerfee und Flammenkobold» aus: *Feuer – Die Elemente im Kindergartenalltag*. Herder Freiburg, 4. Auflage 1996.